ŒUVRES COMPLÈTES
D'EDGAR QUINET

LE

SIÈGE DE PARIS

ET

LA DÉFENSE NATIONALE

ŒUVRES POLITIQUES APRÈS L'EXIL

PARIS
LIBRAIRIE HACHETTE ET Cⁱᵉ
79, BOULEVARD SAINT-GERMAIN, 79

ŒUVRES COMPLÈTES

D'EDGAR QUINET

LIBRAIRIE HACHETTE ET Cie

ŒUVRES COMPLÈTES D'EDGAR QUINET

en 30 volumes

Tomes.
- I..... Le Génie des Religions.
- II..... Les Jésuites. — L'Ultramontanisme.
- III..... Le Christianisme et la Révolution française.
- IV.....
- V..... } Les Révolutions d'Italie (2 volumes).
- VI..... Marnix de Sainte-Aldegonde. — Philosophie de l'Histoire de France.
- VII..... Les Roumains. — Allemagne et Italie.
- VIII..... Premiers travaux. — Introduction à la Philosophie de l'Histoire. — Essai sur Herder. — Examen de la vie de Jésus.
- IX..... La Grèce moderne. — Histoire de la Poésie.
- X..... Mes vacances en Espagne.
- XI..... Ahasvérus.
- XII..... Prométhée. — Les Esclaves.
- XIII..... Napoléon. Poème (Épuisé).
- XIV..... L'Enseignement du peuple. — Œuvres politiques. Avant l'Exil.
- XV..... Histoire de mes Idées (Autobiographie).
- XVI.....
- XVII..... } Merlin l'Enchanteur.
- XVIII.....
- XIX..... } La Révolution (3 volumes).
- XX.....
- XXI..... La Campagne de 1815.
- XXII.....
- XXIII..... } La Création (2 volumes).
- XXIV..... Le livre de l'Exilé. — La Révolution religieuse au XIXe siècle. — Œuvres politiques pendant l'Exil.
- XXV..... Le Siège de Paris. — Œuvres politiques après l'Exil.
- XXVI..... La République. — Conditions de régénération de la France.
- XXVII..... L'Esprit nouveau.
- XXVIII..... Vie et mort du Génie grec. — Appendice. Discours du 29 mars 1875.
- XXIX.....
- XXX..... } Correspondance. Lettres à sa mère (2 volumes).

Lettres d'Exil d'EDGAR QUINET (4 volumes), Calmann Lévy, éditeur, 1885.

OUVRAGES DE Mme EDGAR QUINET

Mémoires d'Exil (2 volumes), éditeur Lacroix, 1868 (Épuisés).
Paris, journal du Siège (1 volume), éditeur Dentu, 1873.
Sentiers de France (1 volume), éditeur Dentu, 1875.
Edgar Quinet avant l'Exil (1 volume), éditeur Calmann Lévy, 1888.
Edgar Quinet depuis l'Exil (1 volume), éditeur Calmann Lévy, 1889.
Le Vrai dans l'Éducation (1 volume), éditeur Calmann Lévy, 1891.
Ce que dit la Musique (1 volume), éditeur Calmann Lévy, 1893.
La France Idéale (1 volume), éditeur Calmann Lévy, 1895.

ŒUVRES COMPLÈTES
D'EDGAR QUINET

LE
SIÈGE DE PARIS

ET

LA DÉFENSE NATIONALE

ŒUVRES POLITIQUES APRÈS L'EXIL

PARIS
LIBRAIRIE HACHETTE ET Cie
79, BOULEVARD SAINT-GERMAIN, 79

PRÉFACE

(1871)

Les cinq mois du siége de Paris resteront dans la mémoire des hommes comme les plus beaux de notre histoire. Que ne doit-on pas attendre d'un peuple qui a offert au monde un pareil exemple? La nation qui l'a donné est immortelle entre toutes, elle ne périra pas.

Heureux les jours où nous mangions notre pain noir mêlé de paille, où les obus pleuvaient sur nos toits!

Puissent les pages qui suivent garder une empreinte de ces jours de combat où tout était grand! Ils portent en eux le salut et l'avenir de la France.

En se les rappelant, chaque Français a le droit de se dire : Je ne suis pas vaincu.

EDGAR QUINET.

Paris, 11 février 1871.

LE SIÉGE DE PARIS

ET

LA DÉFENSE NATIONALE

I

AUX FRANÇAIS

Français, mes chers compatriotes,

Mon exil de dix-neuf ans voulait dire que le gouvernement du Deux-Décembre ne pouvait produire que l'esclavage et la ruine de la France.

Ce gouvernement est tombé, la justice est satisfaite, l'honneur est sauf. Mon exil n'a plus de raison d'être. Je viens parmi vous m'associer à vos périls.

En rentrant à Paris, ma première parole est : Vive Paris ! Vive à jamais ce foyer de civilisation ! Vouloir l'investir, c'est prétendre investir la civilisation elle-même.

Qu'avons-nous à craindre ? l'humanité entière est avec nous.

Union, union de tous avec le gouvernement de la défense nationale.

Nous sommes revenus au droit, à la vérité, à la justice. Tout cela s'appelle la République.

Après ce long esclavage, la France est rentrée dans la liberté ; elle s'enveloppe du drapeau de la démocratie républicaine ; c'est le drapeau de tous les peuples. La terre a encore une fois reconnu en elle le soldat du droit.

Plus de subterfuges ! plus de familles princières substituées à l'intérêt de tous ! Le péril est trop certain pour que nous puissions jouer avec nous-mêmes. L'instinct du salut nous crie : Un prince nous a jetés dans l'abîme. Ce n'est pas un prince, une dynastie qui nous en fera sortir. C'est nous-mêmes. La France seule peut sauver la France.

L'héroïsme même de nos soldats nous a montré ceci : puisqu'ils n'ont pas vaincu, c'est qu'il n'était pas possible de vaincre sous le drapeau du Deux-Décembre.

Nous avons repris ce drapeau républicain qui n'a jamais été souillé par l'invasion.
Il a reparu de lui-même, avec la plus grande légalité qui soit au monde : par la force des choses et l'acclamation de la nation qui y voit son salut.

Là, et nulle part ailleurs, est l'étendard de

cette force morale que le général Trochu invoquait ces derniers jours.

Tous les peuples sentent qu'il s'agit ici de leur cause, puisqu'il s'agit de justice, de vérité. C'est un gage de victoire d'avoir pour soi l'adhésion de tous les peuples et même, en secret, celle de nos ennemis.

Allemands de toutes races, votre sincérité est mise à l'épreuve ; vous avez dit, vous avez répété par la bouche du roi de Prusse, par celle du prince royal, par celle de vos publicistes, que vous faisiez la guerre non pas à la France, mais au chef du gouvernement.

L'occasion est venue de montrer votre franchise.

Le chef criminel de ce gouvernement qui nous a trompés les uns et les autres, s'est précipité lui-même dans le gouffre. Il a disparu, il n'est plus. Il a été vomi par la nation française.

Les assemblées qui lui servaient d'instrument ont été brisées comme lui. Que faut-il de plus ? Les crimes commis contre la France et le monde ont été châtiés. C'est l'arrêt de la suprême justice. Voulez-vous à votre tour condamner la justice ? Voulez-vous refaire l'usurpation sous d'autres noms ?

Si vous avez été sincères dans vos déclarations unanimes, la cause de la guerre a disparu avec notre ennemi commun.

Si, au contraire, vous vous obstinez dans la guerre, quand la justice a prononcé et que la cause de la guerre a disparu, vous n'échapperez pas au reproche d'avoir voulu tromper la France.

Dans ce cas, ce n'est plus à nous seuls que vous faites la guerre. C'est à la vérité, et vous perdriez la renommée de la vieille franchise allemande.

Voulez-vous donc recommencer le système du parjure qui vient de s'écrouler sous nos malédictions et sous les vôtres ?

Voulez-vous vous substituer à ce régime de duplicité qui vient de finir ? Est-ce pour cela que vous vous êtes armés ?

Vous n'arracherez pas du cœur des peuples cette idée de justice que nous venons de relever ; elle est indestructible, immortelle, et vous irez vous briser contre cet instinct du genre humain !

On dirait, on aurait le droit de dire que les peuples allemands ont, à leur tour, trompé les peuples, et qu'ils n'ont combattu la fraude que pour la recommencer à leur profit. Ce serait l'écueil et la ruine de la civilisation allemande.

Nous aussi, Dieu merci ! nous avons été rassasiés de victoires. Elles se sont retournées contre nous, le jour où nous avons paru infidèles au droit et à la conscience humaine.

La réprobation de l'histoire vous attend, si notre exemple est perdu pour vous, si vous bravez une nation qui représente désormais la justice, la liberté, et qui n'est plus armée que pour la cause de toutes les nations.

Ce serait la politique que vous avez accusée dans Louis XIV et dans Napoléon ; vous échoueriez comme eux.

Pour nous, la République a déjà fait cesser toute division. Nous sommes sur le terrain commun à tous les peuples. Nous combattrons en pleine lumière ; nous défendons la cause du genre humain. Cette cause ne peut périr.

Paris, 9 septembre, 1870 (1).

---

(1) Ces quinze manifestes d'Edgar Quinet pendant le Siége, publiés par tous les journaux de Paris, emportés en ballon, ont été reproduits par la presse de province.

(*Note de l'Éditeur.*)

II

L'UNION (1)

La suprême bataille est engagée sous les murs de Paris ; le canon tonne, le cercle de fer et de feu étreint la ville sainte. Jamais la France ne fut plus belle et plus grande. A quelle époque de l'histoire vit-on une nation décimée, ravagée par l'invasion, faire face à tant de périls avec un sang-froid, un ordre, un calme qui n'ont d'égal que la grandeur des sacrifices ? Cette France que vingt ans de tyrannie et de corruption césariennes semblaient avoir dénaturée, ces provinces épuisées par les réquisitions ennemies et par les immenses pertes d'hommes et d'argent, en quelques jours, d'un élan spontané, envoient à Paris deux cent mille défenseurs.

Ils arrivent joyeux, enthousiastes, ou graves et résolus, ces enfants de Bretagne, de Bourgogne, de Franche-Comté, de Provence et de Bresse ; ils marchent d'un pas allègre, les branches vertes entremêlées à leurs fusils. Une heure après, ils ma-

(1) Par Mme Quinet.

nœuvrent sur nos places publiques; citoyens, femmes et enfants autour d'eux font cercle ; les regards, les cœurs suivent chaque mouvement des jeunes soldats.

Aujourd'hui les voilà aux prises avec des forces quadruples. Dans les combats de Clamart, de Châtillon, de Villejuif, de Stains, nos braves mobiles, au feu pour la première fois, se montrent plus fermes, plus équilibrés que les vieilles troupes.

En les voyant défiler au chant de la *Marseillaise*, nous augurions bien de leur enthousiasme ; ils ont dépassé nos espérances.

C'est que les mobiles sont les enfants de la République, les défenseurs, non d'un parti, d'une dynastie, mais de la patrie. Ce sont les forces vives du pays; la France est là tout entière dans ces rangs, confondue dans un même amour du sol natal; toutes les provinces du nord, du midi, de l'ouest, de l'est, fraternisent sous le même drapeau républicain, prêtes à s'immoler au devoir.

Paris a juré de rester fidèle à ce devoir simple et sublime : défendre l'honneur national, la liberté ! Et ce serment est répété par deux cent mille gardes nationaux.

Les citoyens de tout âge, hommes et femmes, tout ce qui porte un cœur français, tous ceux qui demeurent volontairement au poste du danger, tous dans cette grande cité qu'on appelle Paris et qui renferme la France, tous sont unis dans la pensée du devoir. Ils l'accomplissent avec fermeté et simplicité; pas une seule figure effarée dans les rues. Les trembleurs ont fui, les braves seuls sont restés.

Voyez ces femmes au seuil des portes, les passants dans la rue, quel air calme et résolu ! Ce peuple si vif, si remuant, si nerveux, n'a-t-il pas retrouvé dans ces jours de péril suprême des vertus stoïques ? Le courage, l'abnégation du peuple de Paris sont dignes des plus belles dates de l'histoire. Jadis, dans la crise suprême, un gouvernement terrible électrisait la nation et la faisait marcher; ici c'est le peuple qui entraîne ses chefs.

Ce spectacle de la France est plein de grandeur. Si la République de 92 a triomphé du péril, la République de 1870 n'a-t-elle pas aussi des garanties de victoire ? Aujourd'hui comme jadis, il y a des cœurs intrépides, de grandes âmes, un peuple qui a la volonté *d'être*. Pas une goutte de sang français n'entache la naissance de notre République. L'amour du sol sacré aiguillonne seul les légions qui marchent à la victoire ou à la mort.

Ah ! nous sommes fiers de Paris, de la France ! L'Europe égoïste et inerte nous abandonne, Paris ne s'abandonne pas. Notre espoir, c'est que la France étonnera le monde par la grandeur de sa résistance, par la sagesse de sa vie publique ; la liberté fera ce prodige.

Si nous survivons au bombardement dont on nous menace, quels jours de triomphe et de vraie gloire ! Nous traversons la mort pour reconquérir une vie purifiée des souillures de l'empire ; elles sont déjà effacées par l'immortelle journée du 4 septembre.

Depuis cette heure, Paris a grandi sans cesse ; on est ému aux larmes, électrisé toutes les fois qu'on se mêle à la foule. Que nous sommes heureux de respirer depuis quinze jours ce souffle d'héroïsme ! Que nous avions hâte de partager le sort des Parisiens !

Le gouvernement du 2 décembre a précipité la nation dans la situation la plus tragique dont les annales humaines fassent mention. Un drame antique, un récit romanesque, une page d'histoire, qui approcheraient de la situation faite à la France, épouvanteraient l'imagination. Eh bien ! cette situation est la nôtre ; c'est la vivante réalité, l'actualité sanglante ; le moment présent est plein d'horreur, et pourtant Paris n'a jamais montré plus de calme et de sérénité. L'équilibre moral, l'ordre matériel, n'ont jamais été aussi parfaits.

C'est que l'élite de la France vit et respire dans cette enceinte de Paris. Centralisation sublime d'une grande nation à l'heure du péril. Depuis la fédération de 92, on ne vit jamais aussi vaste fusion des provinces dans Paris.

Pour la première fois depuis cette guerre impie, nous avons le droit d'invoquer les dates immortelles de la révolution, un moment profanées par les ineptes histrions qui conduisirent nos armées à la boucherie. La République, née le lendemain d'une catastrophe colossale, la République a recueilli avec intrépidité l'héritage des désastres légué par l'empire. Dépouillée de tout, soldats, armes, munitions, la République créa en quinze jours une armée de quatre cent mille combattants ; ces enfants de la République n'opposent pas seulement à l'ennemi fusils, canons, mitrailleuses, mais l'armure invincible du patriotisme.

Quel pays fut jamais aussi digne de respect et d'amour que cette France lâchement trahie par l'homme de Sedan ! Plus d'armées, l'invasion avance, les torrents ennemis inondent les plaines, les défilés ; marée montante qui submerge villes et villages ; déjà ses flots viennent battre les remparts de Paris, et cependant la foi du peuple n'a pas vacillé un moment.

Au danger réel n'ajoutons pas les dangers imaginaires, n'affaiblissons pas nos forces par ce dissolvant des âmes : le doute. De toutes les pensées, la plus réconfortante c'est que la France, délivrée du césarisme, représente enfin la justice, le droit.

Voilà les dieux tutélaires qui combattront avec nous. Quatre cent mille Français libres défendent sur les remparts de Paris une France régénérée. La flamme de la liberté éclaire la veillée des armes.

Au milieu de ces jours terribles, une joie sublime remplit nos âmes à cette pensée : le peuple s'est retrouvé ! La nation a ressaisi sa souveraineté, la vie morale renaît, la vérité circule dans l'air plus vivifiante que le souffle des hautes cimes. En levant les yeux, en voyant rayonner partout sur nos places publiques ces mots radieux : « République française, » on tressaille, on sent l'orgueil de la conquête ; nous sommes déjà les vainqueurs ; Paris a expulsé l'ennemi intérieur, le 2 décembre est effacé, l'empire romain est tombé ; nous n'aurons plus les douze Césars, jamais en France un Bonaparte ne régnera !

Les autres nations nous ont longtemps jeté cette injure : « La France abuse de la liberté, elle ne « peut la supporter, elle n'est pas faite pour la « République, il lui faut une dictature, une main « de fer. » Eh bien ! cette dictature a garrotté pendant vingt ans la France, cette main de fer l'a livrée aux Prussiens.

La République brise les chaînes du pays et lui remet l'arme des forts, la liberté. Déjà nous montrons à l'ennemi que le corps paralysé de la nation a retrouvé sa vigueur ; montrons-lui par notre union que l'âme de la nation retrempée dans la liberté s'élève au-dessus des funestes divisions de parti. Que toutes les volontés unies en faisceau défendent la République.

Rendons à César ce qui appartient à César ! rendons-le responsable de nos désastres. Mais ces désastres auront une fin ; aujourd'hui tous les bras, tous les cœurs s'unissent pour chasser l'ennemi que l'homme de décembre a attiré sur la France, sur Paris. Mais l'heure de la paix, de la victoire, sonnera ; et alors ces mêmes forces de la patrie, unies dans une défense commune, repousseront l'ignorance et la misère, et feront servir les ressources de la France à son bien-être matériel et moral.

Français, voici le moment le plus sublime de notre vie nationale ! Il s'agit de repousser l'invasion et d'effacer par des prodiges d'héroïsme et de sagesse la honte de ces vingt années. Votre désunion seule a prolongé le règne monstrueux de l'homme de décembre. Votre union seule sauvera la patrie et guérira de si grandes blessures. Unis dans le péril, restons unis après la victoire. Soyons un peuple de frères qui travaille résolûment à fonder une liberté durable.

Paris, 21 septembre 1870.

III

L'ARMÉE DE SECOURS

Le siége de Paris a commencé; les esprits, les courages sont à la hauteur du danger. De premiers succès ont répondu à l'avénement de la République; partout est proclamée l'union; l'ennemi, qui ne comptait que sur nos discordes, est obligé de reconnaître qu'il a affaire à une nation, inébranlable dans sa volonté de sauver avec la France la liberté du monde.

Tout cela est grand, tout cela promet la victoire; mais aujourd'hui, la défense de Paris assurée, quelle pensée doit occuper les départements?

Cette pensée ne peut être que de former des armées de secours.

Paris est devenu le point fixe sur lequel s'appuie en ce moment la nation entière.

Il s'agit maintenant de faire surgir de cette innombrable population de France une armée puissante qui vienne placer l'ennemi entre le feu des provinces et le feu de Paris.

Il s'agit d'étreindre l'ennemi entre Paris et la France.

Paris est à son poste de combat. Que la France des provinces, organisée en armées, vienne à son tour prendre sa place derrière les Prussiens et les envelopper comme ils nous enveloppent.

Là est le nœud de la défense nationale, là est le principe militaire de la défense. Que les Prussiens, pris en queue et en tête, soient cernés sous les murs de la capitale par les forces organisées en province.

Voilà le salut. C'est pour cette combinaison militaire qu'ont été faites les fortifications de Paris; c'est pour cela que Paris les défend avec héroïsme.

La question n'est pas de former des corps séparés pour couvrir chaque province. Ce serait encore une fois se livrer en détail à l'ennemi. Il s'agit, après avoir constitué des corps isolés, d'en former des armées, de tenir ces armées étroitement unies, inséparables, et de marcher tous ensemble sur ce grand champ de bataille où Paris tient tête aux envahisseurs.

Là est la nécessité, là est la victoire.

Que cette pensée devienne la préoccupation de chaque Français, dans les départements; que ce soit le mot d'ordre des provinces.

Elles n'ont pas à choisir le champ de bataille;

il est ici tout préparé autour du mur d'enceinte. Qu'elles n'attendent pas davantage que l'ennemi aille les surprendre chez elles; isolées, elles seraient à leur tour enveloppées.

C'est ici que peuvent se sauver Lyon, Marseille, Bordeaux, Tours, Bourges, Poitiers, Nantes, Dijon, Orléans.

Qu'elles viennent ici occuper leur place de combat; qu'elles arrivent, non en foule, mais organisées, et l'ennemi placé entre elles et la muraille de Paris, sera étouffé.

Tel est le plan de défense générale qui résulte de la situation même. Si les Prussiens ont mûri depuis longtemps le projet d'attaque, Dieu merci! nous n'avons pas à improviser un plan de défense. Il est en dehors de toute contestation : marcher et se ranger sous les murs de Paris; il ne peut y avoir d'autre mot d'ordre pour la France; et c'est déjà un commencement de victoire que de n'avoir pas à hésiter sur le plan de campagne.

Quelle a été, au point de vue militaire, la cause des succès des Prussiens? Ils ont imité la stratégie de la France de la Révolution; mais ce que nous faisions en 1796 avec des corps, ils l'ont fait avec des armées entières.

On a vu trois ou quatre armées se mouvoir dans la main d'un seul homme comme un seul corps, et par cette concentration obtenir des effets étonnants, inconnus jusqu'ici.

Pendant ce temps-là, celui qui s'était fait généralissime de France depuis le 2 décembre, aussi inepte qu'insensé, revenait à la stratégie de l'époque de la démence de Charles VI. Il reniait la tradition militaire de la France moderne autant qu'il en a renié l'esprit politique.

Qu'a-t-il fait de nos armées ? Il les a présentées successivement en ligne, de manière à ce qu'elles ne pussent se prêter secours l'une à l'autre. Il les a isolées comme s'il eût voulu les détruire : d'abord à Wœrth, puis à Forbach, puis sur la Moselle, puis enfin, pour couronner l'édifice de désastres, à Sedan.

Et, dans aucune de ces positions, les corps français n'ont pu se tendre la main, ni se joindre dans une action commune. Incapacité et démence qui ne se sont jamais vues à ce degré, excepté peut-être dans quelques-uns des plus mauvais satrapes d'Asie, qui ont réussi comme le nôtre à perdre un empire en une nuit. Notre Nabuchodonosor a fini aussi par manger de l'herbe.

Conclusion à tirer de ces calamités : revenons à la stratégie de la France nouvelle, comme nous sommes revenus à son esprit politique. Reprenons la tradition militaire qui nous a donné la victoire dans les temps glorieux de la première République française.

Cette tradition est presque tout entière dans l'union et la concentration rapide des forces.

Que nos armées ne soient jamais qu'une armée ; qu'elles se tiennent étroitement, de manière à n'avoir qu'une action commune. Et, encore une fois les fortifications de Paris déterminent d'avance cette action. Elle n'est plus à la merci des combinaisons ou de la fantaisie d'un général, quel qu'il soit.

Elle est marquée par la force des choses. Que, de la circonférence, la France entière, armée, organisée, se resserre autour du centre qui reste fixe. Voilà l'idée militaire qui ressort fatalement des circonstances où nous sommes. Des incidents que l'on ne peut prévoir aideront ou compliqueront cette combinaison, mais la pensée de cette campagne suprême ne peut être contestée.

Elle dominera tous nos mouvements ; elle est si visiblement imposée et si mathématiquement tracée d'avance, qu'il serait déraisonnable de vouloir la cacher. Sa valeur est dans sa nécessité. Immense avantage pour un peuple que la condition de son salut soit visible à tous les yeux.

La France s'appuie sur une stratégie inébranlable que la raison ne peut entamer.

Son système de guerre défensive a l'évidence d'une vérité géométrique.

Au point de vue politique, les prétentions de la

Prusse montrent qu'elle est enivrée ; elle demande et réclame des chimères. Réjouissons-nous de ce vertige. Les victoires qui enivrent ne sont pas solides, elles perdent le vainqueur.

Paris, 25 septembre 1870.

IV

AUX PROVINCES

Toul est tombé, Strasbourg est tombé. Ces mots cruels ne nous frappent pas. Si Strasbourg est tombé, c'est pour se relever plus tard. Nous savions bien qu'une ville assiégée ne peut tenir à perpétuité si elle n'est pas secourue. Nous nous attendions à cette nouvelle ; Strasbourg a fait assez ; il a montré qu'il ne sera jamais Prussien, que les hommes et les pierres se brisent plutôt que de se détacher de la France.

Strasbourg est tombé, et tout ce qu'il en faut conclure, le voici : C'est à Paris que Strasbourg sera sauvé ; c'est ici, à Paris, que la flèche de Strasbourg se relèvera de toute sa hauteur ! C'est ici, à Saint-Cloud, à Meudon, à Montrouge, à Passy, à Saint-Denis, que l'Alsace, la Lorraine, la Provence, la Bourgogne, la Normandie, doivent venir se défendre.

Que se passe-t-il dans les provinces ? demandez-vous. Sont-elles animées du même souffle que ce Paris sublime dans sa résolution et son espoir ?

Sentent-elles, comme lui, qu'elles sont chargées de défendre l'existence de la patrie ? Éprouvent-elles le même tressaillement, la même foi ? Ont-elles fait, comme Paris, le serment de vaincre ? La passion des grandes choses les a-t-elle saisies ? Courent-elles aux armes, en laissant derrière elles toute arrière-pensée, excepté celle de sauver la France ?

A ces questions il faut répondre : Oui ! pour l'honneur des départements.

Douter, serait leur faire injure.

Mais après tout, qu'importe ! Il est bon de nous abstenir de ces questions qui sont au moins inutiles. Car ce que nous avons à attendre des provinces, ce ne sont pas des élans d'enthousiasme, ce n'est pas un soulèvement aveugle, une exaltation morale, une flamme d'un moment, qui se dévorerait elle-même. Non ! Ce que nous avons à attendre des provinces est quelque chose qui prête moins aux changements des esprits, suivant les circonstances heureuses ou malheureuses de la guerre.

Paris a assez d'enthousiasme et de sublimité morale.

Au besoin, il se charge tout seul de communiquer sa flamme aux départements. Pour nous sauver, il suffit que les provinces exécutent strictement, consciencieusement, ce que les lois ordonnent.

Or, que demandent ces lois ?

Il est aisé de le dire en peu de mots. Tenons-nous à ce qu'il y a de plus certain. L'organisation de la mobile devait donner 400,000 hommes. Admettons que 150,000 soient entrés dans Paris. Il reste 250,000 mobiles que les provinces ont en réserve et qu'elles doivent mettre en ligne.

Puis vient le contingent de 1870. Qu'attend-on pour l'appeler? On peut au moins l'estimer à 150,000 hommes.

Ajoutons-y les hommes de vingt-cinq à trente-cinq ans, appelés sous les drapeaux par la loi du 10 août. Les calculs modérés les font monter à 200,000 hommes.

A cela, joignez la classe de 1871 qui, dans les circonstances extrêmes, ne peut être au-dessous de 150,000.

Toutes ces levées réunies font un total que nous réduirons à 700,000 combattants qui, encore une fois, ne sont pas le produit arbitraire de l'humeur plus ou moins passionnée de telle ou telle localité, mais le résultat nécessaire de l'obéissance aux lois.

Ne répétez donc plus que l'on ignore ce qui se passe dans l'âme des provinces. Là n'est pas la question.

Il ne s'agit pas d'exalter, mais d'ordonner. Nous ne demandons pas des volontaires qui ont le choix entre l'action ou l'inertie, et peuvent attendre que l'inspiration les pousse ou les retienne. Nous demandons les hommes inscrits par la loi, désignés par la loi, auxquels la patrie commande, sans attendre que chacun ait fait son choix entre le salut et la ruine.

Les hommes sont là ! Ils sont groupés dans les villes et les campagnes en masses innombrables.

C'est à la loi à faire sortir du rocher la statue vivante. C'est à la loi, non pas à la volonté individuelle, d'imprimer le commandement de marche à cette nation qui attend le mot d'ordre.

Que ce mot soit enfin prononcé ! Que le gouvernement ordonne, il sera obéi ! La Germanie se jette tout entière sur nous ; appelez à vous toutes les Gaules. Vous en verrez sortir d'innombrables armées.

Ce ne seront pas de vieux soldats, il est vrai ; mais il est des temps où les soldats se forment vite.

Quelques semaines ont suffi pour donner à la mobile l'esprit d'un vieux corps. Ce que la vie de garnison ne peut faire en des années, la présence de l'ennemi, la grandeur du moment, l'imminence de la bataille suprême le font en peu de temps. « Donnez-moi beaucoup de ces jeunes gens, disait un grand homme de guerre ; ils ne connaissent pas le danger. »

Mais des armes? Est-ce donc la première fois que l'on a fabriqué des armes en pleine bataille?

Il est chez nous telle ville où sont réunis assez de canons pour l'artillerie de toute une armée.

Cela est si vrai que nous ne pouvons douter que la crainte de la formation des armées de secours ne soit en ce moment la principale préoccupation des Prussiens. Ils sentent bien que toute leur campagne est perdue si la France réunit une armée extérieure, capable de les assiéger dans ce siége de Paris.

Aussi, je ne hasarderai rien si je suppose qu'ils feront tout pour empêcher cette formation. Nous ne risquons pas de nous tromper en admettant que le moyen le plus simple, pour eux, sera d'essayer de jeter la terreur dans les provinces. Ils leur feront une guerre d'apparence, par des rideaux d'hommes qu'ils étendront sans profondeur, au-devant des points où nos forces s'organisent. Quelques coureurs annonceront au loin qu'ils sont suivis d'une armée. Et dans cette lutte de ruses, la victoire restera immanquablement à celui qui gardera son sang-froid.

Il est certain que les Prussiens s'ils se dispersent à travers le territoire, sortiront du plan qui leur a permis de vaincre.

Ils offriront partout une prise, pour peu qu'ils rencontrent un point résistant. Ce qui semble un progrès de leurs armées pourrait, au contraire, en être la destruction. Ils ont vaincu en se concentrant ; qu'ils fassent maintenant le contraire ; tous ces vains rideaux d'hommes pourront être déchirés, par les vaillantes villes de province, qui pousseront devant elles ces simulacres, jusqu'à ce qu'avec les campagnes organisées en armées, elles viennent achever de briser l'ennemi contre les remparts de Paris.

Mais cela suppose, avant tout, que la France des provinces ne soit pas dupe des apparences ; que l'épouvantail d'un groupe d'éclaireurs, ne prenne pas, dans l'imagination, la valeur d'une armée ; qu'après avoir été dupe du spectre rouge, on ne le soit pas du spectre bismarckien ; que l'on ne prenne pas une incursion de fourrageurs pour une invasion irrésistible. Ce qui aidera le plus les populations à garder leur sang-froid, c'est **la conviction que les masses de l'armée prussienne réunies autour de Paris, ne peuvent quitter Paris.** Voilà le point lumineux sur lequel les provinces doivent avoir les yeux attachés.

Paris ne combat pas seulement pour elles. Paris éclaire toute la bataille de France ; il tient le drapeau. Que les départements regardent Paris ; ils sauront toujours où est le gros des ennemis.

Paris, 4 octobre 1870.

V

APPEL AU GOUVERNEMENT

Voilà donc ce que nous gardait la docte Allemagne ! Mort aux Français ! vient-elle écrire sur nos portes. Barbarie et sauvagerie, c'était donc là ce qu'elle cachait pour nous au fond de sa philosophie et de sa littérature !

Cet aveu nous revient de tous côtés ; il est confirmé par les dernières tentatives de la diplomatie.

Nous n'avons rien espéré des négociations. Si quelque argument peut encore avoir prise sur les métaphysiciens de Berlin, c'est sous la forme de chassepots et de canons se chargeant par la culasse.

Puisqu'il est bien démontré que notre existence gêne ces idéalistes, puisque l'esprit pur exige notre anéantissement, puisque l'Allemagne, à laquelle nous avons tant de fois rendu justice, nous offre en retour le non-être et la soustraction de la France, le moment est assurément venu d'en appeler à toutes les forces vives de la France.

Or, quel est pour nous le moyen le plus direct? La levée en masse, dit-on. Mais cette idée vague ne peut produire que des résultats vagues. Jamais levées en masse, toutes seules, n'ont produit d'armées organisées. Que faut-il donc encore? Je le répète: l'appel direct, positif de la loi.

C'est bien en vain que l'on accuse la lenteur des habitants des campagnes.

Vous connaissez comme moi le paysan de France. Avec la meilleure volonté du monde, que peut-il faire, s'il n'est dirigé, appelé, entraîné dans le plan de la défense nationale? Rester à son foyer, prendre sa faux, défendre sa maison, son champ, son village: voilà ce qui est dans la mesure de ses forces individuelles; voilà ce que peut donner le tocsin de la levée en masse.

Nous avons besoin d'autre chose. Au lieu d'attendre que des armées nous tombent du ciel, il faut que la loi vienne éclairer le paysan et lui dire: Voilà ta feuille de route. Va au chef-lieu; du chef-lieu au dépôt, pour y être incorporé dans tel bataillon, tel régiment.

Alors ce même paysan, une fois *qu'il a cassé ses sabots*, devient membre effectif de la défense nationale; il fait partie de cette armée de secours qui est la condition absolue du salut de Paris et de la France.

Mais, encore une fois, il faut, pour cela, une voix qui le détermine et lui dise : Lève-toi, et marche! Or, cette voix doit être celle de la loi, par l'organe du Gouvernement. C'est à lui de parler et de donner l'impulsion suprême que la France attend encore.

Ne répondez pas que ce qui vous arrête, c'est le défaut d'armes. Le général Le Flô, ministre de la guerre, établissait dans son dernier rapport qu'il y a dans les départements non envahis une réserve de sept à huit cent mille fusils. Je veux bien que ce ne soient pas des armes perfectionnées. Qu'on les remette pourtant aux bataillons à mesure de leur formation. Ces armes seront suffisantes pour la première instruction des hommes. Ils se feront à l'école de peloton, de bataillon ; ils seront déjà des soldats tout prêts pour l'action prochaine. Vous échangerez leurs armes contre des fusils perfectionnés, à mesure que la fabrication et le marché des pays étrangers vous fourniront l'armement nécessaire.

Vous avez une grande flotte et vous êtes maîtres de la mer. Usez de cette supériorité pour vous approvisionner, sur tous les parages, de fusils et d'artillerie.

Oui, dit-on encore, mais le manque de cadres? Ils manquaient bien plus en 1792. Faites ce que l'on a fait alors ; vous le pouvez avec beaucoup plus d'avantages. Car vous avez les anciens militaires, dont je parlerai tout à l'heure. Nos bataillons de 1792 ne sont pas sortis tout seuls de terre. Ils ont été requis par les autorités, qui ne craignaient pas de commander, même dans les décisions qui semblaient le plus spontanées. Ces bataillons, à peine réunis, nommaient eux-mêmes leurs officiers ; c'est de là que sont sorties ces fameuses demi-brigades, honneur des armées françaises.

Les vieux soldats ne manquent pas en France. Mais le général Trochu a osé démontrer qu'ils ne sont pas la condition première et le nerf des armées de nos temps.

Après tout, la guerre est chose d'instinct. Les vieux officiers, les vieux généraux ne sont pas les meilleurs, quand tout a changé autour d'eux. Nos plus fameux généraux de la République étaient des jeunes gens ; leurs plus belles campagnes ont été les premières. Pensez à Joubert, à Marceau, à Saint-Cyr !

C'étaient là des conscrits. La meilleure campagne de Napoléon est celle qu'il a faite à vingt-six ans. Comment avons-nous péri à Wœrth, à Forbach, à Sedan ? Par la routine. Il faut donc à tout prix sortir de la routine ; et à ce point de vue, la disette des vieux chefs n'est peut-être pas un si grand mal que vous pensez.

Songez que dans les armées nouvelles qu'il s'agit de former, il y a des Marceau, des Hoche, des Joubert inconnus, que l'occasion et le danger révèleront.

Agissons en conséquence et nous serons sauvés.

S'il y a quelque vérité dans ce que je viens de dire, je prie, j'adjure ici, pour la seconde fois, le Gouvernement de prendre le moyen le plus pratique, le seul direct : de créer les armées de secours dont nous avons besoin, non pour sauver l'honneur, mais pour sauver la France.

Le Gouvernement est dans cette admirable situation que, pour décider du salut public, il n'a pas besoin d'innover des procédés inconnus, extralégaux. Au contraire, ce que je lui demande, c'est de faire exécuter la loi.

Le Corps législatif lui-même a été contraint, par l'évidence et par la nécessité, de voter les lois de recrutement que vous devriez vous-mêmes établir si elles n'existaient pas.

Ce que j'attends chaque jour, c'est un décret qui donne solennellement la vie et la réalité à ces mesures de salut. Car qui peut imaginer que la République reste en fait de mesures de salut au-dessous du Corps législatif?

Quand donc verrai-je quelque chose de semblable au décret suivant, emporté dans les provinces par les voies qui restent ouvertes :

« Sont appelés sous les drapeaux de la République tous les Français qui font partie des classes suivantes :

« 1° Le contingent de 1870 ;

« 2° Le contingent de 1871 ;

« 3° Les mobiles qui sont restés dans leurs foyers ;

« 4° Les hommes non mariés de 25 à 35 ans. »

J'ai estimé à 700,000 hommes le total de ces différentes classes, que d'autres élèvent à 800,000. Réduisez-les, si vous voulez, à 600,000. Ce sont là, dans tous les cas, des forces que vous ne pouvez négliger un jour de plus d'appeler en ligne! Elles sont sous votre main; elles n'attendent que le commandement. Prononcez donc enfin ce mot d'ordre, cette parole de salut. Rendez le décret que nous attendons de votre énergie.

Qu'est-ce qui peut vous retenir encore? Je ne puis le concevoir.

Vous devez à ce sublime Paris, que l'avenir ne louera jamais assez, vous lui devez de lui montrer, non par des espérances, mais par des faits, qu'il a raison de compter sur la France.

Vous devez à la France de lui faire voir quelles forces immenses elle possède dans son sein. Pour la rassurer, vous n'avez besoin que de la montrer à elle-même.

Car jamais on n'a vu une grande nation, regorgeant de population et de ressources de tout genre, périr debout toute florissante; si cela s'est vu par hasard, c'est qu'elle n'était pas commandée.

Que faut-il donc? une parole de vous à vos préfets, à vos sous-préfets, à vos maires. Ils n'ont, ils ne peuvent avoir qu'une seule affaire, qui est de faire marcher au drapeau les hommes que la loi y appelle.

Et voyez le danger où nous courons, si ces mesures tardent plus longtemps d'être prises. On parle vaguement de rassemblements d'hommes, qui s'opèrent à la voix de quelques chefs particuliers, l'un en Normandie, l'autre en Bretagne. Ailleurs, il est question d'une ligue du Midi.

A merveille! Tout ce qui atteste l'élan spontané des populations concourt au salut public.

Mais ces rassemblements ne produiront néanmoins que des corps particuliers, qui pourront même agir en dehors du plan de la défense générale.

Pour qu'ils aient tous leurs effets, il est nécessaire qu'ils soient reliés entre eux par les armées nationales; et celles-ci exigent, pour naître et se former, l'action des lois, telle que je la demande.

Ne retombons pas dans la constitution militaire du moyen âge, une chevauchée pour chaque province, et point d'armée pour la France.

S'agit-il d'une guerre d'Espagne? N'oublions pas que l'Espagne de 1810 avait ses armées régulières, espagnoles et anglaises, qui ont amené les grands résultats des Arapiles, de Vittoria, auxquels les guérillas n'eussent pu suffire.

La bonne volonté n'est que le commencement de l'action. Joignons-y l'autorité. Si les Prussiens eussent seulement donné rendez-vous en France aux gens qui se sentaient pris de la fantaisie personnelle d'y faire une incursion, quel eût été, croyez-vous, le nombre de ces aventureux? Auraient-ils autour de nous des centaines de mille hommes dont on nous menace?

Non, sans doute; imaginez que ce même système fût appliqué aux finances, et qu'on laissât à chacun le choix de payer ou non l'impôt, suivant qu'il serait bien ou mal inspiré. Que deviendraient les finances de l'État? Ce que deviendrait une armée qui n'aurait pour règle que la fantaisie de chacun.

Enfin, ces armées nationales que nous appelons, je les suppose formées par les moyens légaux que j'ai indiqués. La question est de savoir à quel point du territoire il faut les porter. Les laisserons-nous disséminées à travers toute la

France ? Voudrons-nous être forts en chaque point, moyen sûr de ne l'être nulle part ! Je maintiens que leur force sera dans leurs masses ; qu'il faut les tenir unies avec la certitude qu'elles pourront s'aider l'une l'autre.

Cela admis, quand elles seront en état de se présenter à l'ennemi, quel sera le point où elles devront exercer leur action décisive ?

Laissez-moi me servir d'un exemple pour préciser ma pensée.

La bataille de Marengo sera pour moi cet exemple. Soutenue par des conscrits, elle a été perdue pour nous pendant la plus grande partie de la journée. L'aile gauche et le centre avaient été emportés. Il ne restait que l'extrême droite qui tenait encore ferme.

Arrive, dans ces entrefaites, le corps d'armée de secours de Desaix. Où portera-t-on ce corps pour rétablir les affaires ? Un général médiocre n'eût pas manqué de l'envoyer au secours de l'aile gauche en pleine déroute, et le corps de secours n'eût pas manqué d'être entraîné dans la défaite de cette partie de l'armée.

Au lieu de cela, le général porte le corps de Desaix à l'appui de la droite, du point qui tenait encore. Il ajoute la force à la force. Cela produit, au sein d'une défaite, la victoire de Marengo.

Aujourd'hui, notre champ de bataille est tout semblable. Notre aile gauche a été emportée, notre centre cerné. Reste un seul point fixe, inébranlable, notre colonne de granit, Paris, avec ses invincibles.

C'est donc là, c'est donc au secours de Paris qu'il faut envoyer les forces principales, dès qu'elles seront assez formées pour marcher à l'ennemi.

C'est par cette conception, en ajoutant la force à la force, que nous changerons encore une fois la défaite en victoire.

Je sais bien que tout cela suppose, pour l'armée de secours, un terrain d'opérations où elle puisse masquer ses mouvements ; une autre Vendée, où chacun de ses pas soit garanti contre la cavalerie et l'artillerie prussiennes. Il faudrait trouver des lieux où la nature vînt au secours de l'héroïsme d'une armée nouvelle, où tout se réunît contre l'envahisseur, où la France couvrît la France : oui, c'est là ce qu'il faudrait. Or, justement, ces lieux existent. Je pourrais indiquer les sentiers de nos Thermopyles... mais je me garderai de le faire ici... Je m'arrête.

Paris, 23 octobre 1870.

VI

L'ALSACE ET LA LORRAINE

I

Gardons notre sang-froid. C'est aujourd'hui notre arme la plus sûre. Puisque la fortune nous y condamne, voyons de près ce que notre imagination n'eût jamais inventé. Faisons silence à nos indignations. Examinons l'impossible et discutons l'absurde : je veux parler du rapt de l'Alsace et de la Lorraine.

Le pis, dans l'abus de la force, est de la faire passer pour la modération. C'est la faiblesse de forts. Pourquoi M. de Bismark ne nous dit-il pas, à la façon des Orientaux : « Je suis fort, vous « êtes faibles ; je suis le maître, ne raisonnez « pas, obéissez. »

Ce langage attesterait la foi du vainqueur en sa force.

Au contraire, la prétention à la discrétion dans l'enivrement, au bon sens dans le vertige, à la mesure dans le cynisme, est la marque d'un

défaut d'équilibre dont nous devons profiter.
M. de Bismark croit échapper à cette chute par
l'ironie empruntée de Shakespeare qu'il mêle
volontiers aux grandes affaires ; il se moque des
vaincus. C'est là une partie de son art. Mais, en
transportant la guerre sur le terrain de la moquerie, il perd ses avantages. Sur ce terrain-là
il est bien certain que l'esprit français ne sera
jamais battu par personne.

Je veux pourtant rester sérieux en disputant
la *clef de la maison* à ceux qui tentent d'entrer
par effraction chez nous. Je veux montrer, non
par des motifs de sentiment et de patriotisme,
mais par des faits évidents, positifs, combien les
prétentions, les injonctions de l'Allemagne, cette
ardeur de déprédations de territoire, cet espoir
d'effacer un grand peuple de la liste des vivants,
ce projet de poignarder, de scalper la France,
d'en partager les membres aux quatre vents,
sont un retour à la barbarie vandale et une injure
à la raison de tous.

Si ce sont là les bases que la Prusse veut donner à la paix, peuples, préparez-vous à la guerre
éternelle !

Toutes les paroles de la Prusse reviennent
immanquablement à ceci.

Que veut-elle ? que prétend-elle ? Peu de
chose : c'est seulement pour se défendre qu'elle

veut nous dépouiller. Écoutez sa conclusion :

« Aussi longtemps que la France demeurera
« en possession de Strasbourg et de Metz, elle
« est plus forte sur l'offensive que nous sur la
« défensive. »

Et plus loin :

« Strasbourg entre les mains de la France est
« une place forte de sortie toujours ouverte vis-
« à-vis de l'Allemagne du Sud. Entre les mains
« de l'Allemagne, Strasbourg et Metz acquièrent
« par contre un caractère défensif. »

Telle est la grande, l'unique raison que l'on allègue, aux yeux du monde, pour nous arracher deux provinces, l'Alsace et la Lorraine.

Entre nos mains, elles sont un mal ; entre les mains de l'Allemagne, elles seront un bien. Nous en usons pour le malheur du monde ; elle en usera pour la félicité universelle.

Nous en faisons une arme agressive, elle en fera un bouclier. Retournez tant que vous le voudrez cette antithèse de la diplomatie allemande, vous n'en tirerez jamais autre chose que cette assertion répétée : Strasbourg et Metz sont des fléaux publics tant qu'ils font partie de la France ; ils deviennent des gages de paix dès qu'ils sont Allemands.

Voilà bien le *vœ victis* de Berlin.

Nous répondons :

Quand, en 1792, la Prusse, commençant les hostilités, s'est jetée au cœur de la France pour écraser dans l'œuf la vie nouvelle, la France a été obligée de se défendre, et de rejeter hors de ses frontières les envahisseurs.

Elle possédait Strasbourg et Metz ; déjà sa position était si peu offensive qu'il a fallu à la République française six ans de guerres gigantesques, de 92 à 97, et ces fameuses armées de Sambre-et-Meuse, de Rhin-et-Moselle, pour atteindre le Rhin.

Alors seulement la position de la France devint offensive, quand, après ces guerres de représailles, elle déborda et s'établit au bord du fleuve, dans Cologne, Coblentz, Mayence. Cela dura jusqu'en 1814. Napoléon hérita de ces positions ; il n'avait qu'un pas à faire pour franchir le Rhin, appuyé sur toutes les places fortes, de Wesel à Strasbourg. Oui, alors la France menaçait l'Allemagne ; cette facilité même de porter la guerre au dehors fut la tentation à laquelle succomba le premier Bonaparte. Il partait de Mayence pour arriver à Iéna, à Moscou, à Sainte-Hélène. De 1800 à 1814, la position offensive était de notre côté.

Mais il me semble que quelque chose s'est passé en 1814 et 1815, sous les pas des deux grandes invasions. Les puissances étrangères, venues en France, y ont fait, j'imagine, un petit changement. Elles ont au moins transformé les positions. Comment cela ? Par un moyen bien simple. Elles ont ramené à la défensive la France qui avait l'offensive ; elles ont donné à l'Allemagne l'offensive au lieu de la défensive, à laquelle elle avait été réduite. Par cette seule métamorphose, la condition des deux nations a été changée de fond en comble ; la plus faible est devenue la plus forte, et réciproquement.

Là-dessus, fiez-vous aux ressentiments, à la colère, à la haine, à l'ambition des alliés de 1814 et de 1815. Soyez tranquilles, ils ont ôté dès lors à la France tout ce qui pouvait lui être ôté, sans aller jusqu'à l'absurde ; et, en laissant une France, jamais les vainqueurs de Leipsick n'auraient imaginé, au plus fort de leurs malédictions, que l'on pût arracher après eux de nouveaux lambeaux à la patrie française.

Les gallophobes, les mangeurs de Français de 1815, ne soupçonnaient pas que l'on pût porter plus loin qu'eux la passion de détruire cette grande nation qui leur faisait ombrage. Ils croyaient être allés jusqu'au bout dans la haine et dans les passions tudesques ; car ils savaient qu'ils avaient porté le coup de lance aux flancs de la France mise en croix, et cela leur suffisait.

Ils en voyaient couler le sang et l'eau et ils ne demandaient rien davantage.

Ils avaient fait contre nous une œuvre profondément calculée, meurtrière, dans les traités de 1815. Ils en étaient satisfaits.

Non, aucun d'eux, dans sa fureur, n'eût soupçonné que le mal, qu'ils nous avaient fait, ne suffirait plus à la convoitise de leurs descendants.

Voyez en effet quelle a été la tâche accomplie contre nous par leurs pères en 1815. Jetez un regard sur la carte, mesurez cette énorme échancrure, ce coin gigantesque qu'ils ont enfoncé dans les flancs de la France, du Luxembourg à la Moselle, de la Moselle à la Sarre et de la Sarre au Rhin. Comptez les positions qu'ils nous ont enlevées, ce qui faisait dire au maréchal Soult : La frontière de la France est ouverte à l'est.

D'un mot ils nous ont arraché non pas seulement l'offensive, mais aussi la défensive; non pas seulement les conquêtes nouvelles, mais aussi les parties anciennes et vitales de la France. Après le Luxembourg et Trèves, ils nous ont ôté les villes bâties par nous : Sarrelouis, fondation de Louis XIV ; Landau, fortifié par Vauban ; Sarrebruck, c'est-à-dire la faible ligne de la Sarre.

Et pourquoi ce déchirement calculé de territoire ? Pour que de Strasbourg à Metz nous n'ayons aucun point d'appui, pour que l'énorme plaie reste toujours béante, pour que toutes les armées de l'Allemagne centralisée puissent toujours entrer chez nous et déboucher par cette ouverture.

Chose incroyable ! Ces coups redoublés dont on nous a frappés en 1814 et 1815, ces défenses que l'on nous a ôtées, ces armures naturelles dont on nous a dépouillées, la Sarre perdue pour nous, Landau, Sarrelouis enlevés, Huningue rasé, nos provinces de l'est à la merci de l'invasion ; voilà ce qu'ils osent appeler aujourd'hui des *positions offensives* de notre part.

Ces déprédations de frontières, ces cessions de villes, œuvres de nos mains, sont aujourd'hui comptées pour rien. Ce qui était le désespoir de nos pères, ces haines qui semblaient ne pouvoir être dépassées, et ces blessures que nous ont faites nos ennemis de 1815, tout cela paraît des grâces à nos ennemis de 1870. Les premiers nous avaient ôté l'offensive et la défensive ; les seconds sont moins généreux. Tant que nous existons, de quelque manière que nous existions, ils appellent cela une menace.

Qu'ils osent donc une fois parler franchement ! Ils diront que ce qui déplait en nous, ce qui inquiète en nous, ce qui irrite en nous, c'est de nous savoir vivants. Cessons d'être ! Voilà la frontière que l'on demande.

Paris, 5 novembre 1870.

VII

L'ALSACE ET LA LORRAINE

II

Vidons aujourd'hui le fond de cette coupe.

Voulez-vous voir, plus clairement encore, tout ce qu'il y a de faux dans l'assertion que Strasbourg français est une place de sortie contre l'Allemagne ? Malheureusement il m'est facile de faire l'évidence sur ce point.

Si les Prussiens de 1815 nous ont laissé Strasbourg, ce n'est point oubli ou incurie de leur part. C'est qu'ils avaient si bien pris leurs précautions, entamé si habilement notre territoire, tranché si vigoureusement dans nos œuvres vives, qu'ils n'avaient rien à craindre de Strasbourg comme place de sortie contre l'Allemagne du Sud et du Nord. Et quelle en est la raison ? La voici :

Supposez un moment qu'une armée française, concentrée dans Strasbourg, franchisse le Rhin devant elle et s'engage dans le duché de Bade ou le Wurtemberg. Dès le premier pas elle s'apercevra que les mesures ont été prises, les frontières découpées, de manière à rendre son mouvement impossible. Car, dès le premier pas qu'elle ferait en Allemagne, les Allemands, rangés sur la Sarre et la Moselle, de Sarrelouis à Sarrebruck, se trouveraient sur ses derrières tout formés pour la couper de la France. A la seconde journée, ils seraient plus près de Paris que l'armée française. Cette armée serait compromise dès l'entrée en campagne, ayant en tête tous les États allemands, et en queue toutes les places fortes du Rhin, de Cologne à Mayence.

Ce serait une incursion en Allemagne, avec le grand fleuve à dos, un seul point de passage, tous les autres fermés, la ceinture du Rhin l'enveloppant par derrière, et ses communications rompues avec la capitale.

Jamais les Français n'ont porté la guerre au cœur de l'Allemagne sans avoir pour eux la large base du Rhin ; et c'est aussi ce que nos ennemis de 1815 ont compris quand nous avons gardé Strasbourg comme une pointe isolée ; ils ont senti que Strasbourg, détaché de la ceinture des forteresses rhénanes, n'avait plus de force offensive.

L'expérience vient de démontrer ces vérités ; l'évidence s'est faite si cruellement, que la parole n'y peut rien ajouter. Toute cette monstrueuse campagne de 1870, et l'ennemi à nos portes, n'est-ce pas la preuve écrasante de ce que je viens de dire ? Certes, la démence de celui que je n'ai jamais reconnu pour le chef de mon pays, a été portée au comble ; mais cette démence a été aidée par le piége qui nous a été tendu depuis 1815 à notre frontière de l'est.

N'est-il pas vrai que, arrivé à cette frontière, il n'a su se décider ni pour l'attaque ni pour la retraite ! N'est-il pas vrai qu'il n'a laissé voir aucune combinaison, que l'inertie a été son seul plan de campagne ? N'est-il pas vrai qu'il a perdu, à contempler la Sarre, trois semaines, qui étaient la seule chance de succès, s'il les eût employées à surprendre les Prussiens avant qu'ils eussent réuni leurs armées ?

Oui, tout cela est indubitable, et quelle en est la cause ? Admettez le dernier terme de l'ineptie humaine, cette incapacité prodigieuse ne suffit pas encore pour rendre raison d'un tel désastre. La position de nos frontières a aidé ce criminel à périr.

En face de l'ennemi, il s'est aperçu pour la première fois que Strasbourg n'était pas une place de sortie, que l'on ne pouvait déboucher de ce côté en Allemagne, sans laisser derrière soi les Prussiens massés dans la Prusse rhénane.

De là cette inertie, cette incapacité de prendre l'offensive, cette immobilité, cette torpeur, cette stupeur, présage certain de la ruine. Il venait de s'aviser que l'attaque avait été rendue difficile pour la France ; les yeux fermés, il s'en remit au hasard.

Voilà tout l'esprit de sa campagne.

Suivez au contraire les chefs de l'armée prussienne. Ils étaient sûrs d'avance que la disposition de nos frontières leur donnait l'offensive.

Aussi, comme ils se sont précipités dans ce grand vide préparé entre Metz et Strasbourg ! Ils savaient qu'ils ne rencontreraient aucun obstacle dans les lieux. Quant à nos armées, après les deux échecs de Wœrth et de Forbach, elles ne trouvèrent plus une ligne de défense. On vit l'armée de Mac-Mahon, partie de Wœrth, ne pouvoir s'arrêter nulle part, qu'elle n'ait été rejetée jusqu'à Châlons ; et, pour mieux dire, aux portes de Paris.

D'où viennent de pareils désastres, uniques dans les guerres modernes ?

De l'ineptie du chef, cela est évident ; mais aussi de ce que nos frontières de l'est ont été démantelées il y a cinquante-cinq ans. Avec un art profond, on avait ouvert notre pays jusqu'au cœur ; les préparatifs datent de loin. Après que cette grande embûche nous avait été tendue, il ne fallait plus que la folie d'un homme pour y précipiter la France. Les lieux étaient préparés, l'homme s'est trouvé.

J'ai dit plus haut qu'il y a du fiel et de l'ironie dans la paix proposée par l'Allemagne. Voici en quoi consiste la dérision. Après que l'expérience a montré que nos frontières de 1815 ont été calculées pour notre ruine, M. de Bismark nous fait déclarer que ces frontières sont une menace pour l'Allemagne. Elles nous ont trop bien protégés ; elles sont trop fortes. L'armée de Mac-Mahon a trouvé trop de points d'appui entre Wœrth et Paris. Notre ruine en quelques jours n'a pas été assez foudroyante. Les armées prussiennes qui, depuis la Lorraine, sont arrivées sous Paris sans tirer un coup de fusil, ont rencontré de trop formidables obstacles, un pays hérissé de trop de forteresses, des lignes trop infranchissables dans les plaines de la Champagne. Cela ne peut durer. Châlons, Reims et les hameaux qui les avoisinent sont un danger perpétuel pour l'Allemagne. Nancy avec ses portes ouvertes menace Berlin ; Château-Thierry menace Munich ; Épernay fait échec à l'unité allemande. Il faut absolument les empêcher de se jeter sur la confédération du Nord et du Sud. Pour cela il faut que les canons de Metz et de Strasbourg soient tournés contre la Champagne et la Beauce.

Alors, et seulement alors, l'Allemagne et le monde pourront dormir tranquilles.

Voilà bien l'ironie allemande. Je la connais depuis longtemps. J'ai entendu autrefois ce même rire dans la *Danse des morts*, d'Holbein.

Continuons pourtant, et achevons.

Que peuvent être Metz et Strasbourg dans la main des Prussiens ? La décomposition, la dislocation de la France telle que dix siècles l'ont faite ; la France ramenée en arrière, en deçà des temps de François Ier, les frontières de 1815 refoulées jusqu'à Châlons-sur-Marne, ou plutôt un pays sans frontières, mis en pièces, une Pologne d'occident, à la merci de la race allemande. Metz et Strasbourg tournées contre la France éventrée, il n'y a plus de France. L'ennemi prend chez nous son domicile.

On veut faire rentrer la France du dix-neuvième siècle dans la France des Mérovingiens ? Mais qui peut faire rentrer l'homme adulte dans le berceau de l'enfant ?

Comment ramener le Paris de la civilisation moderne au Paris de Chilpéric ? Qui peut imaginer cette chose insensée ? Et c'est là pourtant ce que prétend l'Allemagne militaire et savante. Voilà le fond de sa science. Un crime et une folie envers la France et le monde.

J'ai toujours pensé qu'au fond de ses systèmes

il y a quelque grand vide ; il apparaît aujourd'hui tout gonflé de haine et d'envie.

L'Allemagne, par toutes ses voix, a soutenu depuis un siècle le respect des choses humaines consacrées par l'histoire. Et ce que l'histoire a fait de plus grand, la nation française, c'est là ce que l'Allemagne jalouse veut détruire en un jour.

Honte, malédiction sur son œuvre !

Paris, 6 novembre 1870.

VIII

APPEL A LA PRESSE

I

L'armistice est-il consenti, refusé, accordé, retiré ?

Dans la nuit noire où l'on nous plonge, il reste un seul point fixe qui doit nous servir de phare ; c'est la nécessité d'augmenter nos forces. Nous ne risquons pas de nous tromper en ramenant les esprits à cette question précise, qui contient toutes les autres.

N'allons pas divaguer, en face de l'ennemi, sur les ténèbres qu'il promène à plaisir autour de nous. Parlons de ce qui, dans tous les cas, est visible et nécessaire.

A ce moment suprême, je vais encore une fois essayer de faire prévaloir les vues précises, élémentaires, urgentes, qui seules peuvent, selon moi, nous sauver ou nous venger.

J'ajouterai l'évidence à l'évidence.

Chacun, depuis le commencement du siége,

s'est attaché à une question vitale. On s'est partagé le travail. De cet ensemble est résulté la force qui éclate à chaque pas dans la défense de Paris. Pour moi, depuis mon retour en France, voyant combien Paris est invulnérable, je me suis attaché à la question qui me semblait plus négligée parce qu'elle est plus loin de nous, je veux dire l'organisation militaire des départements.

J'ai vu, dans cette partie de la défense, l'élément indispensable du salut de Paris et de la France, que je n'ai pu séparer un seul instant l'un de l'autre dans leur action commune contre l'invasion. Tout ce que j'ai pu faire je l'ai fait pour porter ces idées dans la presse, dans l'opinion publique et, si j'ose le dire, aussi dans le gouvernement.

Que m'a-t-on répondu lorsque je frappais ainsi à toutes les portes ? J'ai trouvé les esprits ouverts à l'évidence ; je n'ai pas rencontré une seule objection. Au contraire, on approuvait ; on me disait : Vous êtes dans la vérité. Persévérez. Oui, ce que vous soutenez est certain ; il faudra en arriver à faire ce que vous demandez ; nous pensons comme vous, et nous ne pouvons discuter puisque nous sommes d'accord. — J'en suis heureux, disais-je ; mais, puisqu'il en est ainsi, puisque selon vous, la vérité est dans ce que je soutiens, faites donc que cette vérité devienne une réalité ; vous le pouvez d'un mot ; vous vous assurerez, en nous sauvant, une gloire immortelle.

Qu'est-ce donc que je soutiens ? La chose du monde la plus simple et la moins discutable ; qu'aucune nation moderne ne s'est sauvée des mains de l'étranger sans recourir à des mesures régulières pour la levée des troupes ; que nous avons besoin d'armées de secours qui viennent donner la main à Paris ; que les lois de recrutement peuvent seules donner de véritables armées ; que ces lois existent pour nous, qu'elles ont été votées par ceux-là mêmes auxquels j'en demande l'exécution ; qu'il n'y a plus un jour, une heure à perdre pour faire ce que l'on a écrit soi-même dans la loi.

Y a-t-il rien de plus évident que la nécessité de ces mesures et de ce système de défense ?

Les choses ici parlent bien plus haut que moi ; laissons-les donc parler à ma place. Elles diront qu'il y a une grande différence entre Paris et les provinces ; que l'on a pu, sans trop de dommages, ne pas faire exécuter à Paris les lois sur la levée des contingents. Et pourquoi ? Parce que dans cette admirable forteresse, dans ce camp où l'honneur du monde s'est retranché, tous les habitants se touchent et vivent d'une vie commune, parce que chaque homme y fait un service de guerre à l'enceinte, au fort, à la redoute. Il a suffi d'un mot à l'état-major pour distribuer ce vaste rassemblement d'hommes en divisions, en corps, en armées. Chacun s'est trouvé à sa place de bataille.

Ne voyez-vous donc pas qu'il en est tout différemment de nos populations rurales, qui font la plus grande partie de la population de France ? Là, le paysan (c'est-à-dire la force même de notre pays), retiré dans son hameau, n'a point d'enceinte fortifiée à défendre, point de rempart, point de redoute. Il n'appartient en réalité à aucune garde nationale.

Il ne fait aucun service de guerre, ni comme garde sédentaire, ni comme mobile, ni comme soldat, ni comme vétéran, si la loi ne va pas le chercher dans son village. Et c'est là précisément ce qui arrive tant que les décrets n'imposent pas l'obligation de courir aux armées.

Nous assistons a ce spectacle inconcevable auquel l'avenir ne voudra pas croire. Les masses de la population, quand il s'agit pour la France de vivre ou de mourir, sont tenues, par la non-application des lois, en dehors de toute action, comme si la chose ne les regardait pas et que le gouvernement n'eût rien à exiger de ceux que la loi a mis à sa disposition.

Beaucoup de gens passent ici leur temps à se

demander les uns aux autres : Que fait la province ? Je dis que la question est mal posée. Ce qu'il faut demander est ceci : Que fait le gouvernement ? Quel ordre a-t-il envoyé en province ? Quel décret fondé sur la loi ? Quelle prescription aux agents de l'autorité pour faire rejoindre les drapeaux par ceux qui sont soumis impérativement, régulièrement, au service militaire ?

Quand les décrets auront été rendus et envoyés, vous aurez raison d'être impatients d'en connaître les résultats. Mais, tant que l'ordre n'a pas été donné, il est bien inutile de vous informer de quelle manière on y a obéi.

Vous tous qui avez une autorité quelconque, par la parole ou par l'action, faites donc, avant tout, que la volonté de la loi soit déclarée exécutoire ; que les décrets de salut soient rendus. Vous vous informerez après de savoir ce qui se fait dans les départements, quel en a été le résultat. Mais n'attendez pas davantage l'effet avant la cause. Pour être obéi, il faut premièrement commander.

Comptons ici les hommes que la loi met à la disposition du gouvernement de la défense nationale. En faisant le dénombrement de cette population, inscrite dans les contingents dont je réclame l'appel, nous verrons si la France est perdue !

Première classe : Les jeunes gens de vingt et un ans, parmi lesquels se recrute l'armée, sont chaque année au nombre de 332,000. Je réduis, ce qui est excessif, ce chiffre à 150,000 soldats, en admettant les exemptions ordinaires. Le gouvernement vient de se décider enfin, et je l'en remercie, à appeler cette classe de 1870, qui aurait été requise en pleine paix sous tous les régimes, lors même qu'il n'y aurait eu aucun nuage à l'horizon ;

2° Ne touchons pas à 1871 ? Quelques semaines à peine nous en séparent. Et jamais y eut-il cause plus légitime, nécessité plus urgente, d'anticiper d'un jour sur la l⸤evé⸥e de cette année 1871, qui cache pour nous notre renaissance ou notre ruine ? Que l'on complète donc le contingent de 1870 par celui de 1871 ;

3° La population de vingt à vingt-cinq ans, où se recrute la mobile, est de 1,496,800 hommes. Retranchez de ce nombre le chiffre que vous voudrez pour les soldats de ligne, les exemptions, les réformes, et dites vous-mêmes ce que ce million et demi d'hommes doit laisser à la garde mobile. C'est assurément passer les bornes que de réduire comme je le fais ce million et demi d'hommes à 400,000 ;

4° Enfin, j'arrive à la classe des hommes de vingt-cinq à trente-cinq ans. Il y a en France, aujourd'hui, 2,871,128 hommes de cet âge. Cela n'est pas loin de trois millions d'hommes. Supposez le chiffre que vous voudrez pour les hommes mariés, qui seront exemptés de défendre leurs femmes et leurs enfants, quoique, dans un semblable péril, je ne connaisse aucune exemption de ce genre chez aucun peuple.

Et voyez ce que doit produire cette classe de près de trois millions d'hommes. Je suis au-dessous de toute vérité en la réduisant à 200,000 ; j'ai fait pour cela une trop grande part à la mollesse des mœurs.

Pesez, calculez, dénombrez cette immense population, qui contient des armées, et vous en conclurez nécessairement ceci : Non ! une nation, qui renferme de telles forces vivantes, accumulées, ne peut périr. Il ne lui est pas loisible d'accepter la défaite les yeux fermés. Elle ne doit pas donner accès à cette pensée.

Nous avons vu, en 1814 et 1815, la France couchée à terre ; mais les hommes valides manquaient. Ils avaient péri dans une guerre de vingt-cinq ans. Les femmes conduisaient la charrue. Les villages étaient vides de jeunes gens.

Aujourd'hui, au contraire, les bras sont là ; les contingents militaires regorgent d'hommes. Il n'y a qu'à puiser dans cet océan. La seule chose que je vous demande est de ne pas refaire administrativement la même **faute**, qui nous a perdus militairement. Nos armées ont été perdues, parce qu'on les a engagées l'une après l'autre, et que les Français ont toujours été inférieurs en nombre aux Prussiens.

Ne recommencez pas cette erreur de calcul dans l'appel des contingents. Ne les appelez pas en ligne les uns après les autres. N'appelez pas d'abord isolément la classe de 1870 ; puis, si elle est battue, celle de 1871 ; n'attendez pas que celle de 1871 ait été entamée pour appeler à son aide les hommes de vingt-cinq à trente-cinq ans. Non, vous rentreriez dans la voie funeste qui nous a conduits où nous sommes. Appelez à la fois tous les contigents militaires disponibles par la loi. Le nombre fait partie de votre force.

C'est ainsi qu'ont agi les Prussiens et qu'ils se sont donné la victoire. Ils n'ont pas seulement appelé l'armée de ligne, mais aussi la landwehr. Et c'est de cette manière qu'il faut comprendre ce mot, souvent répété par le gouvernement lui-même : *la levée en masse ;* non pas une foule confuse, désorganisée, comme l'entendent quelques-uns ; mais le total de la population, requise par les lois, versée dans les contingents, distribuée en corps, organisée en armées nationales.

Tout cela est évident, répéterez-vous encore. On ne peut y contredire.

— Mais, s'il en est ainsi, pourquoi ne faites-vous pas ce que vous jugez nécessaire ? Dites-nous au moins ce qui vous arrête.

Pourquoi cette incompréhensible torpeur dans une question de salut ? Qui vous empêche de signer les décrets que la raison et la nécessité réclament ?

Est-ce le vain espoir de négocier ? Mais, pour traiter raisonnablement, il vous faut des armées.

Qu'est-ce donc qui vous lie les mains ?

Dites-le-nous, et nous vous aiderons à vous les délier, nous tous qui venons, par notre vote, de retremper votre autorité.

Paris, 12 novembre 1870.

IX

APPEL A LA PRESSE

II

Quand j'ai vu les membres de la délégation se rendre à Tours, j'ai espéré qu'ils emportaient avec eux des résolutions concertées, des prescriptions légales, délibérées en commun, et qu'ils allaient les faire exécuter. Malheureusement, il n'en est rien. Et que peuvent la délégation, les préfets, les sous-préfets, s'ils n'ont pas entre les mains l'arme d'une loi précise, à laquelle nul n'a le droit d'échapper, sans tomber sous la peine édictée en matière de désertion ou de trahison ?

Ils peuvent ce qu'ils font aujourd'hui, privés de cette force suprême : inviter, exhorter, prier, convier, et, sans nul doute, toutes les oreilles ne restent pas sourdes. Les gens d'élite vont au-devant de l'ordre qui n'arrive pas. Mais ce n'est pas ainsi que se forment les grandes armées capables de tirer une nation de l'abîme. Comment donc se forment-elles ? En prescrivant, en ordonnant, en enjoignant, en commandant, et rien de cela n'est possible sans l'autorité d'une disposition juridique.

Les volontaires ont produit, dit-on, des rassemblements de 220,000 hommes. Que n'obtiendriez-vous pas, si vous ordonniez avec l'énergie de la volonté nationale déposée dans la loi militaire ?

Il est aisé d'accuser l'inertie des provinces. Quand le mal serait vrai, qu'a-t-on fait pour les tirer de cette inertie ? Elles sont aujourd'hui ce qu'elles ont toujours été ; si, dans nos meilleures époques, on les eût abandonnées à leurs seules bonnes intentions, cela eût produit exactement ce que nous voyons aujourd'hui.

Pour moi, je suis certain que l'excuse des provinces est déjà toute préparée. Supposez que la France tombe avec nous ; ce jour-là, n'en doutez pas, ce sont les provinces qui nous accuseraient. Elles diraient : Nous sommes accoutumées à obéir ; pourquoi n'avez-vous pas commandé ? Vous êtes la tête. C'était à vous de vouloir, à nous d'exécuter. Quand vous avez réclamé les mobiles, conformément à la loi militaire, nous vous en avons envoyé cent mille en peu de jours ; ils font une partie de votre défense intérieure. Pourquoi, au nom de cette même autorité à laquelle nous n'avons jamais manqué dans les grands jours, pourquoi n'avez-vous pas appelé régulièrement les classes qui sont éparses dans nos campagnes et nos hameaux? Elles auraient marché au canon, comme les mobiles, et nous serions délivrés de l'ennemi. Par malheur, vous n'avez rien fait de ce qu'il fallait faire. Vous ne nous avez pas appelées ; comment serions-nous arrivées ? Pendant que vous attendiez nos bataillons et nos armées, nous attendions vos ordres. Nous n'avons rien reçu, ni ordres, ni décrets, ni arrêtés, ni injonctions, à peine des invitations. Voilà comment la France est tombée, par votre faute, non par la nôtre.

Tels sont les reproches dont les provinces pourraient se couvrir. Fasse le ciel qu'ils ne soient pas mérités un jour de plus! Si les provinces, en refusant d'obéir, avaient refusé de concourir à la défense, la question changerait.

Vous pourriez alors parler de désertion en face de l'ennemi. Mais il ne s'agit pas de cela. C'est déjà trop que de relever une pareille pensée au lendemain de la défense de Châteaudun.

J'ai avancé précédemment que si la volonté, l'uniformité de la loi militaire ne se montrait pas dans les actes du gouvernement, s'il ne se couvrait pas de cette armure, la conséquence serait de localiser la défense. Le résultat ne s'est pas fait attendre. Il ne peut en être autrement tant ue les choses seront abandonnées à la fantaisie de chaque localité. Hâtez-vous donc de revenir au moyen, qui est dans vos mains, pour resserrer le faisceau.

Faites une armée, non pas bourguignonne, bretonne, normande, mais nationale, pour tenir le drapeau de la nation. Les décrets que je vous demande sur le recrutement peuvent seuls, par leur uniformité, sauver non seulement la France, mais l'unité de la France.

Que parle-t-on de dislocation volontaire des provinces, parce que l'on croit connaître l'existence de communes à Marseille et à Bordeaux ? Eh ! ne savons-nous pas que c'est là le fait ordinaire de l'ébranlement qui suit les invasions ? Sous un coup si violent, il n'est pas d'édifice si bien cimenté qui ne se lézarde en quelques points. Nous qui avons été témoins des invasions de 1814 et de 1815, bien moins farouches et inhumaines que celle-ci, souvenons-nous !

N'avons-nous pas vu, en ce temps-là, des dislocations de ce genre ? N'avons-nous pas entendu à quelques lieues de distance crier Vive le roi ! Vive la Ligue ! J'ai entendu le même jour Bourg crier : Vive le cardinal Fesch ! et Mâcon, Vive d'Artois !

Pendant que nous étions séparés de Paris, n'y avait-il pas une commune bonapartiste à Blois, une commune royaliste à Bordeaux ? Beaucoup de gens croyaient aussi à l'effondrement de la France. J'ai vu pleurer de nobles âmes sur la mort de la patrie.

Eh bien ! non. La patrie n'est pas morte, elle a survécu à ceux qui la pleuraient. Il en sera de même aujourd'hui. Elle survivra à nos craintes, à à nos douleurs, à nos désolations. Mais pour cela, il faut vouloir ; il faut se défendre de la torpeur, car la première chose qui s'engourdit dans les États et les gouvernements, comme dans les individus, c'est la volonté.

Un regret éternel pèsera sur vous si vous continuez à rester au-dessous des mesures prescrites par le Corps législatif. Tous les partis s'armeront contre vous de cet inexplicable sommeil. Ils en poursuivront votre mémoire ; et nous qui voudrons la défendre, nous qui connaissons votre sincérité, votre patriotisme, qu'aurons-nous à dire ?

Je comprends que des hommes désespèrent quand le dernier sacrifice a été fait. Mais, au contraire, si le premier, le plus simple de tous les sacrifices, l'appel des contingents n'a pas même été essayé, où est la raison pour s'abandonner ? où est l'excuse ?

Il est trop tard ! murmurent quelques-uns.

C'est le mot que l'on me répondait déjà, il y a

deux mois, lorsque je réclamais ce que je réclame aujourd'hui. Si l'on m'eût écouté, nous n'en serions pas à nous demander : Y a-t-il des hommes en province ? Ils seraient sous le drapeau. Les 90,000 mobiles que nous avons reçus eussent été l'avant-garde des départements.

Non, il n'est pas *trop tard* pour faire l'indispensable.

Est-ce le moment de redire : *Il est trop tard*, quand les vaisseaux partis d'Amérique sont signalés au port, chargés de 250,000 fusils à tir rapide ?

Il y a deux mois, j'entendais répéter que les hommes abondaient, mais que les armes manquaient. Aujourd'hui, serais-je condamné à entendre que les armes abondent, mais que ce sont les hommes qui manquent ?

De grâce, sortons de ces ambiguïtés. Il le faut, quelle que soit l'issue que l'on envisage : guerre, paix, traité, plébiscite, négociation ou combat à outrance. Dans tous les cas, il faut réunir des armées, et ce que je demande est également nécessaire.

Si quelqu'un découvre, pour organiser des forces, un moyen plus simple, plus immédiat, que celui que je propose, l'exécution des lois, qu'il le dise ; je me rangerai promptement à son avis. Sinon, qu'il vienne à mon aide ; qu'il appuie l'évidence par sa parole, par sa plume, par son autorité.

Les Prussiens ont congédié pour un temps leur métaphysique. Congédions de même nos fantaisies, nos systèmes. Que chacun fasse appel à ce qu'il porte en lui de plus clair, de plus pratique, de plus sensé, de plus lumineux.

Ce sont des armes et des esprits de précision qu'il nous faut en ce moment. J'ai tenté ce travail sur moi-même, et je donne à mon pays ce que j'ai trouvé de plus évident. Puissé-je convaincre la presse, l'opinion publique et, par elles, ceux qui tiennent nos destinées dans leurs mains !

Je connais depuis longtemps vos ennemis. Je sais qu'ils en veulent non pas seulement à votre existence matérielle de nation, mais à votre existence morale, intellectuelle, à tout ce qui peut vous honorer et vous grandir dans le présent et l'avenir. Ils veulent non seulement vous perdre, mais vous déshonorer.

Voilà la vérité. Vous êtes avertis. Sentinelles, prenez garde à vous !

Paris, 13 novembre 1870.

X

AUX CONSERVATEURS

Je me réjouis avant tout d'avoir soutenu que les provinces sont avec nous, qu'en dépit des bruits calomnieux inventés par l'ennemi, elles se sentent françaises et marchent au secours de la France. Elles n'attendaient que le commandement pour prendre leur place de bataille. Voilà ce que je répétais dans les jours sombres, où aucune nouvelle ne perçait jusqu'à nous et où chaque chose semblait me démentir. Maintenant tout ce que j'avançais a été confirmé par l'événement. Il n'est plus possible d'en douter... la guerre devient nationale. La terre tremble sous les pas de deux millions de Français.

Un mot seulement encore sur ce que je crois une cause gagnée. Le gouvernement vient d'appliquer à Paris les lois dont je réclamais l'exécution. Rien de mieux ; mais après les avoir appliquées à Paris où elles étaient moins indispensables, quelle raison peut-il y avoir de ne pas les appliquer aux provinces qui ne sauraient s'en passer ?

Si quelqu'un pouvait conserver un doute sur la nécessité de ce que j'ai proposé, l'exemple de l'Amérique achèverait ma démonstration. Pendant la guerre de sécession, où les États-Unis ont été, comme nous aujourd'hui, en péril de mort, ce n'est pas le patriotisme ni l'ardeur de la lutte qui leur manquait, et pourtant, qu'ont-ils fait ? Précisément ce que je ne me lasserai de demander que je ne l'aie obtenu, en termes formels.

D'abord, ils ont cru qu'ils pourraient s'en rapporter au zèle privé des volontaires. Bientôt, le nombre de ceux-ci ne suffisant pas, on ajouta des primes ; après un court essai, les primes ne suffisant pas davantage, les États-Unis en revinrent aux levées d'hommes par les lois ordinaires du recrutement. Alors, ils eurent des armées ; ce fut la fin de la guerre par la victoire.

Que cet exemple nous serve et qu'il décide de la question.

« Le pays veut se battre, » dit le *Times* lui-même.

Profitez donc de ce moment où l'espérance renaît de toutes parts. Donnez l'impulsion, elle sera irrésistible. Ne laissez plus flotter au hasard les volontés de délivrer la France.

La victoire reposait, venez à son aide. A l'appel des lois, vous verrez toute la France fourmiller d'hommes. Ce spectacle parlera plus haut que toutes les négociations du monde.

Le 7 septembre dernier, je rentrais en France, après dix-neuf ans. Les premiers hommes que je rencontrais, à l'extrême frontière dans mon département de l'Ain, à Virieu-le-Grand, venaient justement de sortir du sillon. C'étaient des mobiles de l'Ain. Ils étaient là, dans un pré, sous le vent et la pluie, grelottant, frissonnant, à peine vêtus de la blouse, sans une seule arme, mais déjà en ligne, et la tête haute. Et qui les avait rassemblés ? Qui les retenait dans le rang ? Le devoir. Et pourquoi marchaient-ils ainsi la tête haute vers Paris ? Parce qu'ils avaient été appelés et qu'ils venaient d'entendre une voix leur crier : Marche ! C'est là un bien petit fait, mais appliquez-le, comme il dépend de vous, à la France, et la France est sauvée. Vous n'aurez pas seulement des armées de centaines de mille hommes, vous les compterez par millions.

Quelques hommes ont donné récemment de funestes conseils à ce qu'on appelle les classes supérieures. Nous avons vu la réaction, il y a vingt ans, livrer la liberté. On aurait pu croire que cette même réaction reculerait s'il s'agissait de livrer la France. Eh bien ! non ! Les mêmes sophismes, qui ont servi à perdre la liberté, on les renouvelle pour perdre la nation.

Que les classes dites supérieures y prennent garde ! Elles pourraient avoir à se repentir de l'horrible victoire qu'on leur propose. Je ne suis pas chargé de leurs destins. Mais je crois pouvoir leur dire qu'une nation ne pardonne jamais à ceux qui lui ont fait accepter la honte. Dans l'anéantissement de la France, une chose survivrait : l'exécration contre ceux qui lui auraient conseillé l'opprobre.

Partout, en Europe, les classes supérieures ont défendu avec vigueur leur nationalité contre l'invasion. C'est là ce qui s'est vu en Prusse, en Allemagne, en Russie, en Pologne, en Espagne, en Italie. Si les classes conservatrices, poussées par un mauvais génie, faisaient le contraire en France, si elles s'accoutumaient à l'idée du démembrement, elles reconnaîtraient par là qu'elles ne sont plus que des membres morts. Qu'elles y songent !

Ceux qui ont demandé la paix, la paix, croient qu'une paix honteuse leur donnera le repos.

Ils se trompent. La honte est un mauvais oreiller qui ne laisse de sommeil à personne. Un peuple ne peut se rendormir sur ce chevet. Il s'agite jour et nuit. Dans une France avilie, il n'y aurait plus de place que pour des gouvernements chancelants et croulants sans répit.

Vous demandez la paix ! Vous n'en trouverez

pour personne sur le lit d'opprobre ; et pour vous, moins que pour tous les autres. Souvenez-vous de la Restauration. On ne lui a laissé aucun répit parce qu'elle était venue de l'étranger avec l'invasion.

Que serait-ce de vous, qui sembleriez l'avoir attirée du dedans ? On dirait que pour mieux perdre la France, vous lui avez lié les mains par derrière.

Des esprits, dont on ne peut nier la sincérité et la valeur, acceptaient volontiers l'idée de la convocation d'une Assemblée dans la France envahie, sous le couteau prussien.

J'aurais voulu les prémunir contre cette idée hâtive, parce que j'y voyais le piége le plus habile qui nous ait été tendu jusqu'ici par nos ennemis.

Voici quelques-unes de mes raisons :

L'ennemi, qui chaque jour nous montre ses fureurs, nous conseille cette convocation. Il est le plus empressé à la vouloir. Il y revient sans cesse. Au bout de ses baïonnettes, et par la gueule de ses canons, il nous offre cet appas. Donc, nous devons nous en défier ; donc, nous devons penser que c'est pour lui le moyen le plus sûr de nous anéantir.

Faire voter, par ce qu'on appellera la France, l'anéantissement de la France, quel coup de fortune ! Quel chef-d'œuvre ! C'est celui de M. de Bismark.

Voulez-vous concourir à ce chef-d'œuvre ?

Mettez-vous un moment à la place de M. de Bismark, c'est-à-dire de l'homme qui vous hait par excellence, qui a juré votre perte ; et suivez sa pensée. Il a vu, pendant vingt ans, des assemblées françaises livrer toutes les libertés de la France. Naturellement et nécessairement, il doit penser qu'il pourra trouver sous le couteau, de nouvelles assemblées, d'un tempérament tout semblable, qui voteront avec une majorité écrasante d'*hommes sages,* non seulement l'esclavage de la France, mais son démembrement.

Le 2 décembre a obtenu pendant dix-neuf ans les candidats officiels de M. Louis Bonaparte. Pourquoi M. de Bismark n'obtiendrait-il pas aussi ses *candidats officiels* sous le nom d'indépendants, de patriotes, de gens raisonnables, judicieux, et de notables ? Ne doutez pas que ce ne soit le fond de la pensée de votre ennemi, et pouvez-vous assurer que sous la pression de huit cent mille baïonnettes (sans compter celles dont les bonapartistes de Metz et de Wilhelmshohe vous menacent) elle n'ait aucune chance de se réaliser ? Et s'il est une seule chance d'être légalement, artistement anéantis, devons-nous, pouvons-nous l'accepter ? Voulons-nous que la France périsse, conformément aux règles de l'art ? Cela vous suffit-il ? Pour moi, non. Après avoir été vaincus par la tactique militaire de M. de Moltke, vous plaît-il de l'être par la tactique bureaucratique de M. de Bismark ? Battus à la fois par l'épée de M. de Moltke et par la plume de M. de Bismark, c'est trop, c'est trop pour moi. Je me refuse à cette double défaite.

Si la liberté avait si bien péri chez nous, c'est qu'on s'était servi des instruments ordinaires de la liberté pour l'escamoter. Aujourd'hui nos affaires sont trop sérieuses pour que je me prête à ce dernier coup de dé.

Ne détruisons pas de nos mains notre nation, par les représentants de la nation. Assez de ce jeu-là. Ne laissons pas du moins escamoter la France !

Qu'une nation soit frappée sur le champ de bataille, rien n'est irréparablement perdu pour cela. Les lambeaux vivants que la force lui arrache aujourd'hui, peuvent lui être rendus demain par la force. C'est le jeu des batailles. Son droit reste entier, la postérité ne tarde pas à le réclamer.

Mais si cette même nation vient elle-même, sous le sabre et la schlague, voter sa défaite, proclamer son démembrement, légitimer son anéantissement, c'est là un suicide presque irréparable.

Voilà comment on est parvenu à tuer la Pologne.

Des semblants de Diètes polonaises, assemblées frauduleuses convoquées sous le knout, ont voté la mort de la Pologne. Et tout a été dit pour longtemps. Frappés par le sabre, ne le soyons pas par nos propres mandataires.

Ne nous refaites pas des Diètes françaises pour démembrer la France. Dieu nous garde d'une tribune française entre deux factionnaires prussiens !

Nous sommes dans la bataille ; le canon gronde autour de nous. Est-ce le moment de prêter l'oreille aux circonlocutions d'un nouveau Corps législatif ? Nous avons besoin de force morale, d'énergie. Est-ce là ce que nous sommes accoutumés à trouver dans nos Assemblées ?

Y en a-t-il une seule où la majorité n'ait été du parti de la force et du succès ? Telle est la nature de toute Assemblée ; le plus grand nombre est toujours timide dans ses conseils ; la Convention elle-même n'a échappé à cette loi qu'en poussant les timides par la Terreur. Et qui donc aujourd'hui voudrait la terreur ?

Autre raison plus décisive encore. Ne croyez pas qu'une Assemblée nationale, parce qu'elle prend ce nom, ait le droit de tout faire ?

J'ai nié pendant vingt ans au Corps législatif

le droit de légitimer le crime et la scélératesse. L'événement a fini par me donner raison.

Ce n'est pas pour accorder aujourd'hui à une Assemblée nationale le droit de voter l'anéantissement national de la nation. L'absurdité des mots fait toucher ici l'absurdité de la chose.

Non, je n'accorde pas à une Assemblée quelconque le droit de m'ôter, de m'arracher à moi et à mes compatriotes, mon pays, ma nationalité, c'est-à-dire l'héritage civil, moral, intellectuel que j'ai reçu de mes pères.

Je ne lui accorde pas le droit de me transporter de race en race pour faire de moi à son caprice, un Prussien, un Allemand, ou un Calmouk. La force plébiscitaire, sous le joug, ne va pas jusque-là.

Et pourquoi ? Parce que, encore une fois, il n'y a pas de droit contre le droit. Dès que vous sortez de cette maxime fondamentale, vous êtes à la merci de tous les crimes habiles.

Réclamez d'une Assemblée ce qu'elle peut donner, et non pas autre chose. Ne demandez pas au droit de fonder l'injustice, ne lui demandez pas de déclarer que 2 et 2 font 5 ; qu'un Français est un Allemand ; cette Assemblée pourra bien déclarer que l'Alsace et la Lorraine, en y ajoutant si vous voulez la Champagne, et par surcroît, la Franche-Comté, et sans marchander par-dessus le panier, la Bourgogne et l'Ile-de-France sont des états tudesques, régis par la Confédération teutonique.

Sachez d'avance que des votes semblables n'ont ni sens, ni valeur, ni légalité. Ils veulent dire seulement que le plus fort les a imposés au plus faible ; qu'il s'est donné le plaisir d'avilir ceux qu'il tient sous ses pieds et de les rejeter dans l'absurde.

Mais de ces absurdités, ne ressort aucun droit que celui de la conquête bestiale. L'occasion manque seule au vaincu pour tourner de pareils arguments contre le vainqueur. Celui-ci s'est attaché au visage un masque sanglant. La postérité est toujours en demeure de le lui arracher.

Et quelle belle idée, après tout bien digne de nos docteurs de Berlin et de leurs disciples ! Faire voter la France séparée de Paris ; oui, se donner le suffrage d'un décapité.

Ne voulez-vous donc, me dira-t-on, point d'Assemblée nationale pendant le feu de la bataille ?

Ah ! que vous me faites injure ! au contraire, je ne cesse depuis trois mois de demander, d'implorer la convocation d'une Assemblée nationale. Je la veux même très nombreuse, d'au moins deux millions de notables. Je veux même que la gauche, l'extrême gauche, les deux centres et la droite soient armés de fusils à tir rapide. Je veux aussi qu'une artillerie formidable de six canons pour mille orateurs soit placée dans les intervalles du centre gauche et du centre droit, et une quantité proportionnée de mitrailleuses dans les couloirs et à chaque étage des tribunes réservées ou non au public.

La délibération commencera, en termes parlementaires, modérés par la mitraille, sur le front des orateurs ennemis ; elle continuera par une fusillade honnête, sage, tranquille, sérieuse, à hauteur de ceinture. La réserve prononcera la clôture d'un mot foudroyant. Après quoi, nos honorables adversaires s'inclineront sous le vote, l'épée dans les reins.

Venez donc, Français des départements, de l'Est à l'Ouest, et du Midi au Nord. A nous ! Vous êtes cinq millions en état de porter les armes ! Venez, nous vous tendons les mains. C'est l'ennemi qui avait forgé tous les faux bruits de dissension, de séparatisme. Il mentait. Devant lui, nous ne formons qu'un seul homme.

Ne croyez pas davantage aux négociations entamées. Le monde sera avec vous, s'il vous voit forts; il vous vendra s'il vous voit faibles. Car il porte encore en lui l'esprit du 2 décembre, dont vous avez été affranchis et dont il reste esclave.

Jamais ennemis plus haineux n'ont dévasté vos villes et vos campagnes ; et ne pensez pas leur échapper, si vous nous laissez périr.

Hommes des départements, voulez-vous qu'ils aillent vous obliger de saluer, chapeau bas, leurs officiers qui ont tué vos amis, vos fils, vos parents ?

J'ai vu les invasions de 1814 et de 1815. Jamais, je l'affirme, les Cosaques de 1815, n'ont exercé la centième partie des cruautés commises par les Allemands de 1870.

Venez donc, marchez, arrivez ! Empêchez ces ravageurs de faire un pas de plus !

Venez ; nous vaincrons, morts ou vivants !

Paris, 1ᵉʳ décembre 1870.

XI

PENDANT LA BATAILLE

Écoutons le bruit de la bataille et affermissons notre espoir!

Que nous présagent ces heures terribles qui retentiront dans la postérité la plus lointaine? La délivrance. Que signifient le silence de cette ville incomparable, sa foi, sa sérénité dans l'extrême péril? Elle sent la victoire, elle la possède d'avance. Rien ne peut la lui arracher. Elle a ressaisi le sceptre des esprits; sa victoire est nécessaire au monde.

Qui jamais a entendu parler d'un spectacle pareil? Une ville désarmée pendant vingt ans par les traîtres qui prétendaient régner sur elle; des ennemis innombrables amenés par la main pour l'étouffer au gîte; toute la race allemande vociférant autour de ses murs: Paris! Paris! et le monde à moitié complice de ces barbaries se réjouissant de voir tomber sous le couteau l'esprit de liberté et de civilisation.

Eh bien! ces instincts sauvages, cette haine

de la lumière ont été trompés. De cette ville que l'on croyait surprendre endormie par l'esclavage ou abattue par la famine sont sorties des armées que la liberté vient d'enfanter, et qui en naissant portent au front la victoire. On niait leur existence, pour toute réponse elles courent à l'ennemi.

Maintenant, elles sont là, près de nous, aux prises avec les ravageurs qui croyaient n'avoir qu'à étendre la main sur nous pour nous écraser. Dès leurs premiers pas, elles ont fait reculer ceux qui disaient : Il n'y a plus de France ! Aux incrédules qui déclaraient la République impossible, elles ont montré la République victorieuse.

Heureux ceux qui sont dans la mêlée avec le général Trochu et le général Ducrot ! La gloire les accompagne, les vœux de toute la France sont pour eux ! Ils n'ont pas le tourment de l'attente, de l'incertitude ; ils voient l'ennemi se retirer ou tomber sous leurs coups ; ils savent que trente-huit millions d'hommes vivent de leur vie et que leur mémoire subsistera tant qu'il y aura une France.

Pour nous, nous savons, nous affirmons une seule chose : c'est que, morts ou vivants, ils sont victorieux. Leurs dangers, leurs blessures, leurs souffrances, ont une récompense assurée ; cette récompense qui ne peut leur manquer c'est d'avoir sauvé la patrie.

Oui, ils ont été déjà deux fois vainqueurs, ils le seront encore dans tous les cas, et pour toujours, parce que leur exemple a rendu la guerre nationale, et que toute guerre nationale aboutit nécessairement au triomphe.

Que leurs amis, leurs parents se réjouissent donc de ce triomphe certain.

La lutte qu'ils soutiennent sur le plateau d'Avron a désormais son écho dans chaque village de la France. On n'endormira plus cette grande nation, que les coups portés aujourd'hui sur la Marne et la Seine ont achevé de rendre à elle-même.

La voilà qui arrive par tous les chemins! Que peut la Prusse, arrachée de ses fondements, contre cette France qui partout combat chez elle, partout enfante un vengeur, une armée? Elle avait hier pour elle le bon droit; elle a aujourd'hui la force. Un échec sur un point ne peut l'abattre; l'ennemi, au contraire, est obligé de vaincre partout, s'il ne veut pas périr. Le châtiment approche pour lui; il a déjà commencé.

Les barbares! Ils ont tenté d'effacer de la terre ce nom de France pour y substituer le leur.

Ils ont voulu faire un grand vide à la place de ce peuple dont le génie les importune.

Ils seront punis deux fois de ce crime envers la société humaine. Ils verront tomber leur rêve monstrueux de domination, et grandir dans la Liberté et la République le peuple qu'ils voulaient anéantir.

Paris, 3 décembre 1870.

XII

LA DÉPÊCHE DE M. DE MOLTKE

M. de Bismark nous garde rancune. Il sent que son éloquence a perdu son crédit ; il désespère de nous convertir ; nos oreilles sont sourdes à sa voix. Voyant notre dureté d'âme, il vient de se substituer M. de Moltke, qui entreprend à son tour de nous apitoyer sur nous-mêmes. Race ingrate que nous sommes, ce nouveau conseiller ne nous touche pas plus que l'ancien. Nous avons dédaigné le style du chancelier ; maintenant nous ne goûtons pas davantage le style du chef d'état-major. Ni la plume, ni l'épée n'ont de prise sur nous. Voilà bien Paris, la *ville de Satan* (Satanshaus), selon les prophètes de Berlin.

M. de Moltke a l'insigne bonté de nous donner des nouvelles de l'armée de la Loire. Par malheur, son langage est si bref que nous sommes réduits à deviner ce qui fait ordinairement la matière de ces sortes de communications, je veux dire le lieu, l'heure, l'ensemble de l'événement

Tout ce que nous pouvons discerner dans ce vague, c'est l'intention formelle de jeter dans les esprits un épouvantail. Ce dessein est trop évident ; l'art trop peu déguisé ; il a manqué son effet. Paris a vu qu'on veut lui faire peur ; Paris s'est mis à rire. Voilà sa première réponse.

Que nous apprend M. de Moltke ? L'armée de la Loire a été défaite, nous dit-il. Quoi ! rien de plus ? Et sur cela il pense nous consterner. Pour nous qui connaissons les vantardises de langage de la Prusse, nous savons que, si l'échec eût été grave, on nous eût dit : « L'armée de la Loire a cessé d'exister ; elle a été dispersée. » Désastre, catastrophe, ruine, extirpation, tels sont les mots dont l'état-major prussien se serait servi.

Mais être seulement *défaits*, cela est bien peu de chose quand il s'agit des Français ! Ils eussent été victorieux que le général prussien n'aurait guère employé un autre langage.

Traduisons cette dépêche dans le langage ordinaire ; elle veut dire qu'une partie de l'armée de la Loire s'est repliée sur les renforts, sans avoir été ni coupée, ni entamée.

Mais Orléans repris ! dira-t-on.

— Eh oui ! sans doute il vaudrait mieux qu'il fût resté dans nos mains.

La statue de Jeanne d'Arc n'aurait pas été insultée par un uhlan ; toutefois, elle a un bras d'airain pour se venger. Elle n'y manquera pas.

N'allons pas donner à cet accident de guerre l'importance qu'il n'a pas, comme si Orléans était une place de guerre, une position décisive, un camp retranché sur une grande route qui doit conduire les armées de secours à Paris. J'ai toujours montré, répété, établi, que le chemin des armées de secours qui doivent venir nous tendre la main ne traverse pas Orléans

Où donc passe le chemin ? demanderez-vous.

Permettez-moi de ne pas répondre ici à cette question, sur laquelle je suis prêt à m'expliquer ailleurs.

Admettons qu'il y ait eu un échec sur les bords de la Loire. Je dis que toute guerre nationale a commencé par des échecs de ce genre, pour arriver à la victoire. Rappelons nos souvenirs.

Dans la guerre nationale d'Espagne, les Espagnols ont commencé par être *défaits* à Sommo-Sierra, à Ocana, en bataille rangée. Cela les a conduits à se venger à Vittoria et dans toute la Péninsule.

Dans la guerre nationale de Russie, en 1812, les Russes ont commencé par être *défaits* à Smolensk, à la Moskowa. Cela les a conduits à se venger sur la Bérésina et le Niémen.

Dans la guerre nationale d'Allemagne, en 1813,

les Allemands ont commencé par être *défaits* à Dresde, à Lutzen, à Bautzen. Cela les a conduits à se venger à Leipsick et à Waterloo.

Et comment sont-ils parvenus à faire sortir de leurs échecs la victoire suprême ? En redoublant à chaque défaite leur haine de l'oppression, en retrempant dans leur sang la volonté de se venger ; en usant l'envahisseur à force de patience, de persévérance ; surtout en concentrant leurs armées sur les points principaux, de manière à écraser l'ennemi du poids de toute une nation.

Nous aussi nous avons, nous aurons de la persévérance : notre nation s'est rassemblée. Son poids ne sera pas léger sur la tête de ceux qui prétendent l'exterminer. Patience encore ! Nous avons eu des désastres, puis des échecs, puis des victoires. Du gouffre nous sommes revenus à la lumière. Nous ne redescendrons pas dans l'abîme. C'est à nos ennemis de s'y précipiter. Ils trouveront chez nous, puisqu'ils le veulent, leur Bérésina et leur Leipsick.

Paris, 7 décembre 1870.

XIII

LA NOUVELLE FORÊT DE L'ARGONNE

Persuadons-nous bien une chose : notre ennemi n'a qu'une pensée, Paris. Le roi Guillaume, M. de Bismark, M. de Moltke, sont là près de nous, immobiles, l'œil fixé sur Paris, comme le serpent sur sa proie ; ils le couvent du regard. Ils étendent autour de lui leurs plis et leurs replis. Quoi qu'ils fassent, ou de près ou de loin, ils poursuivent, avec la patience du reptile, ce projet unique, étouffer Paris pour étouffer la France.

Voilà pourquoi toutes les directions leur sont bonnes, pourvu qu'ils éloignent de Paris les armées de secours. Avec une témérité qu'ils finiront par payer cher, ils jettent leurs armées au nord, au midi, à l'ouest ; à Orléans, à Rouen, à Honfleur même, comptant bien que les armées françaises seront entraînées à les suivre dans chacune de ces voies, de manière à perdre de vue l'idée mère de la campagne et le gage de la victoire, c'est-à-dire la délivrance de Paris.

C'est au gouvernement et surtout à la délégation à n'être pas dupes de ce piége. Que la délégation poursuive son but avec la même obstination que les Prussiens mettent à l'en détourner ; elle sera dans le vrai chemin ; que les échecs eux-mêmes lui servent à changer de route, à en prendre une meilleure ; et ils nous profiteront.

Mais, au contraire, s'il suffit à l'ennemi de faire une démonstration d'attaques sur un point pour que nous nous y portions en masse, oubliant le but suprême, oh ! alors nous courons risque de frapper dans le vide et de manquer notre proie.

Si l'on se pénètre de ces vues, l'échec d'Orléans pourra conduire à la victoire. En effet, que nous a servi depuis un mois la possession d'Orléans, augmenté même de son camp retranché ? Elle nous a servi à prendre pour champ de bataille le terrain qui nous convient le moins, la route d'Étampes, de Chartres, une plaine sans abri, la Beauce, où il est presque incroyable que des troupes de nouvelle formation aient pu battre de vieilles troupes, supérieures en cavalerie et en artillerie. Car nos jeunes soldats ne trouvaient, dans ces plaines nues, pas un seul pli de terrain pour se couvrir ; plus ils avançaient sur ces vides plateaux, plus ils étaient à découvert. Ce n'est point là que la fortune de la France devait se relever en un moment.

Ne regrettons donc pas trop que ce lambeau de terre nue nous ait été arraché pour un jour.

Quel champ de bataille faudrait-il à nos nouvelles armées qui viennent de sortir du sillon? Il leur faudrait un terrain qui fût tout le contraire de celui qu'elles viennent de quitter. Ce serait une nouvelle forêt de l'Argonne qui arriverait de la Loire jusqu'aux portes de Paris, un nouveau bocage de Vendée où chaque champ serait enclos de haies, ce qui permettrait à nos tirailleurs de s'embusquer et d'assurer leur feu, et empêcherait la cavalerie de les tourner ; où le terrain argileux, impraticable pendant les pluies, arrêterait l'artillerie prussienne et donnerait tous les avantages au premier occupant.

Je voudrais que les bois se joignissent aux bois de manière à ce qu'une armée française pût couvrir ses approches sans craindre les surprises ; et, si l'on m'accordait cela, je demanderais encore que cette région fût comme le nœud de toutes les forêts de France, afin que les communications ne pussent jamais être coupées.

S'il existait une région de ce genre, je dirais, je répéterais que c'est là que doit être notre forêt d'Argonne de 1870, notre bocage de Vendée, notre pas des Thermopyles.

Or, cette région existe.

J'ai fait ce qu'un homme peut faire pour la désigner auprès de ceux qui tiennent notre sort en leurs mains. Tout ce que je puis ajouter, c'est que de notre échec d'Orléans nous pouvons tirer un avantage, si d'un champ de bataille défavorable nous sommes conduits par la fortune à un champ de bataille mieux préparé pour nous.

Or, il est certain que notre retraite n'a fait que nous en rapprocher. Elle nous a placés dans la direction où est le salut, comme si la fortune eût voulu nous sauver par les leçons qu'elle nous donne. Si nous savons en profiter, notre situation stratégique est incontestablement meilleure aujourd'hui qu'avant notre retraite d'Orléans.

Qu'avons-nous à apprendre de la lutte de six jours du général de Chanzy, dans la forêt de Marchenoir? C'est que nos jeunes troupes sont invincibles pour peu qu'elles soient aidées par les lieux. Quittez donc sans regrets les plaines de la Beauce. Pendant que l'ennemi parcourt cette vaste circonférence : Blois, Tours, le Mans, vous êtes ramenés à Nevers, sur le rayon qui aboutit à Paris à travers les régions où tout combattra pour vous. Que Frédéric-Charles se promène au loin dans le Perche; il y est occupé par Chanzy, et vous êtes déjà placés à l'est sur ses derrières.

L'armée de Bourbaki couvre, nous dit-on, le Nivernais. Que ce soit la volonté réfléchie des chefs ou la nécessité, cette dernière position est la meilleure pour nous. Les montagnes du Morvan et les forêts de la Puisaye sont un premier boulevard. Sur cette base entrez dans ces régions, où d'arbre en arbre, de ravin en ravin, vous serez couverts et protégés jusqu'à nos forts. Pour peu que vous incliniez sur votre droite, toute l'armée allemande est tournée ; vous êtes plus près qu'elle de sa ligne de retraite.

Mais n'oubliez pas que c'est sur Paris qu'il faut marcher par ce chemin nouveau ; tout ce qui vous en éloigne est un mal ; tout ce qui vous en rapproche, même par une voie détournée, est un bien.

Vous avez de Gien à Montargis, à Troyes, à Fontainebleau, votre nouvelle forêt d'Argonne, et celle-ci ne s'arrête pas en Champagne, elle arrive jusqu'à nous. Transportez donc là votre champ de bataille ; couvrez vos mouvements de ces inextricables labyrinthes, où il sera impossible à l'ennemi de vous surprendre, car vous y ferez des abatis, des retranchements, dont les forêts vous fourniront les matériaux. Vous y vivrez aisément, puisque cette partie du territoire est celle qui est en communication avec les provinces d'où nous tirons notre alimentation par le bétail du Nivernais, du Charollais, du Bourbonnais. Il est impossible que vous y soyez cernés, ni coupés, puisque partout s'ouvrent des routes et des directions divergentes, qui toutes vous conduisent sur les derrières de l'ennemi.

Dans cette marche, où vos flancs sont assurés, une seule journée heureuse, et vous venez déboucher à Paris, prenant à revers les positions prussiennes, que l'armée de Paris écrasera de face.

J'ai signalé depuis deux mois à l'attention des juges compétents cette direction nouvelle.

Elle ne peut plus être aujourd'hui un mystère, puisqu'elle est maintenant forcée et dévoilée par l'événement, qui nous ramène au plan de salut. Ce plan nous est à la fois imposé par la condition de la défense de Paris et par la nature même de la région forestière de la France centrale. D'ailleurs cette contrée boisée est si étendue, elle offre tant de débouchés opposés, que la nommer c'est ne rien divulguer de ce qui doit être secret.

Résumons ce qui précède en peu de mots : Ce qu'on a appelé la défaite a servi à replacer les armées françaises dans leurs vraies lignes d'opération ; elles ont devant elles le chemin que j'ai toujours demandé pour elles. Les succès des Prussiens les éloignent de plus en plus de leur base. Encore un succès de ce genre, et ils seront acculés aux rochers et aux terriers de Bretagne.

Les voilà condamnés à vaincre toujours ou, au premier échec, à être prisonniers.

Nos armées, au contraire, n'ont plus qu'un pas à faire pour être plus près de l'Allemagne que les Allemands. Qu'elles le fassent, ce pas ! Qu'elles entrent dans la voie ouverte devant elles ; par ce chemin, elles viendront bientôt assiéger les assiégeants sous les murs de Paris.

Paris, 18 décembre 1870

XIV

LA VICTOIRE MORALE

Le bombardement a commencé. Fort bien. Au nom de la fraternité, nous devons à nos frères allemands de leur donner une leçon exemplaire qu'ils n'oublieront jamais. Ils en ont besoin pour se guérir en un jour de leur infatuation poussée à la démence. Chargez donc vos armes, pointez et visez juste. Tirez tranquillement, libéralement, consciencieusement. C'est aujourd'hui le premier et le dernier mot de la philosophie, telle qu'ils nous l'ont faite.

Que veulent-ils? Nous conquérir. Rien de plus juste. Mais jusqu'ici tout conquérant s'est couvert de quelque masque de civilisation et de droit. Les Romains avaient le droit romain ; les Arabes, s'ils portaient dans une main le cimeterre, présentaient dans l'autre le Coran ; nous-mêmes, dans nos guerres, nous apportions avec nous le Code civil. Ceux-ci, que nous apportent-ils ? L'incendie, la rapine, le pillage, la famine, le meurtre à tout propos. Est-ce assez ? Dévastation et mort, voilà leurs promesses.

Si quelqu'un a pu découvrir une autre pensée de civilisation dans les paroles officielles ou privées de ces docteurs *utriusque juris*, qu'il le dise.

Eh bien ! oui, il est encore une idée qui revient souvent chez eux au milieu du carnage.

La voici : « Nous avons fait trop de mal aux Français pour qu'ils puissent l'oublier. Donc, il faut les anéantir. » Ce raisonnement est celui de l'homme qui, après avoir volé un passant, se fait un devoir de l'assassiner pour l'empêcher de se plaindre.

Quand je songe que la Prusse a été si promptement acculée à ce cynisme, et qu'elle n'a pas d'autre mot à la bouche pour couvrir ses meurtres, je suis bien obligé de reconnaître que la France a déjà pour elle la victoire morale ; et je salue, j'acclame cette victoire, présage assuré de l'autre. Je dis et je maintiens qu'il n'est rien de plus beau dans notre histoire que ces trois mois du siège de Paris, où la liberté républicaine a fait ce miracle de rendre à un peuple tout ce que la servitude lui avait enlevé, les forces de l'âme et les forces du corps. Malheur à qui ne voit pas cela !

Le signe avant-coureur de la défaite, celui de l'infériorité de l'esprit chez le roi Guillaume et ses conseillers, est de n'avoir eu aucun pressentiment de ce que la liberté et la régénération morale peuvent faire. Ils croyaient que Paris se rendrait en huit jours ; non seulement ils l'ont cru, mais ils ont eu la simplicité de le dire ; et c'est là qu'est la marque de la borne de l'intelligence. Car il n'est pas besoin de tant d'esprit que l'on imagine pour opprimer les hommes. Nous le savions par M. Bonaparte ; nous l'apprenons par son élève, M. de Bismark. Pour moi, je suis charmé de voir ces hommes de ruse si niaisement dupes de toute noblesse de cœur, de toute grandeur véritable.

Ils jugeaient Paris et la France par des observations banales, par des propos de table, par des littératures de police. Au delà de cette première enceinte, ils n'ont rien vu, rien pénétré. Ce Paris nouveau, cette France nouvelle, qui viennent de se révéler, ils n'en ont eu aucune connaissance ; et les voilà maintenant tout ébahis de ce génie qui renaît, de ces forces qui sortent de terre. Étranges conquérants, qui commencent par être ridicules !

Ils déroulent sur leurs tables des cartes géographiques soigneusement gravées à Berlin, pour chaque arrondissement du territoire français. Ils distribuent à chaque officier ces cartes merveilleuses qui devaient leur ouvrir le chemin de nos villages. Mais dans cette topographie érudite ils n'ont oublié, méconnu, laissé en blanc, qu'une seule chose : l'esprit de ce peuple qu'ils prétendaient dominer et écraser. Et cet esprit, dont ils n'avaient aucune idée, se réveille, il se retrouve, c'est lui qui les enveloppe. C'est lui qui est debout au seuil de chaque maison. En se montrant il les convainc non seulement de perversité, mais d'incapacité.

Victoire à l'esprit ! il est aujourd'hui le plus fort, comme il le sera toujours ; Paris a plus d'esprit que M. de Bismark et tous ses Teutons rassemblés. C'est là ce qui ajoute à leur froide fureur dont notre siècle s'étonne. Sortez donc d'ici, barbares ! Sortez de cette terre de liberté. Ou plutôt faisons si bien que vous n'en sortiez jamais !

Mais, dites-vous, ils ont la science. Et moi je vous réponds : Il en sera de leurs armées comme de leur science philosophique qui n'a eu qu'un moment. Où sont-ils tous ces fameux systèmes qui prétendaient aussi gouverner le monde ? Qu'en reste-t-il ? Montrez-moi un seul livre qui en contienne encore une parcelle. Tout cela est dispersé comme la poussière. Il en sera de même de cette poussière d'hommes qui poudroient dans nos champs.

Oh ! le beau jour que celui où l'esprit français prendra corps à corps l'esprit allemand et le déshabillera de ses oripeaux métaphysiques! Que restera-t-il alors de ce spectre de science qui s'est dressé un moment dans les intelligences pour s'évanouir presque aussitôt ? Ce jour-là, on verra ce que l'infatuation a pu produire de ballons enflés dans une race humaine. La moindre piqûre d'épingle dégonflera ces systèmes. A vrai dire, la chose est déjà faite.

Les Allemands eux-mêmes ont été les premiers à rejeter, comme une monnaie fausse, leur philosophie.

Cherchez, au delà du Rhin, quelqu'un qui prenne au sérieux ces outres vides, vous ne trouverez plus personne.

Il y a déjà quarante ans, l'illustre Creutzer, l'auteur de la *Symbolique*, me disait : « — Il m'arrive une chose extraordinaire. — Quoi donc, monsieur ? — Eh bien ! je ne puis comprendre la philosophie allemande que si elle m'est expliquée par un Français. — Cela ne m'étonne pas, lui disais-je. Pour descendre dans un caveau, il faut une lanterne. »

Et c'est parce que la France est cette lumière du monde qu'ils ont juré de l'éteindre.

Règle sans exception : tous les livres allemands modernes qui ont une chance d'avenir ont reçu à un degré quelconque le souffle du génie français. Au contraire, tous ceux qui sont restés purement allemands, sans aucun reflet de la France, sont des œuvres teutonnes, excentriques, éphémères, qui n'entreront jamais dans le domaine de l'esprit humain. Et c'est ce souffle qu'ils prétendent étouffer !

Aussi, voyez où ils en sont ? Quelques mots suffiront pour éclairer cette nuit.

Ils avaient une philosophie qu'ils suivaient avec ardeur et qu'ils nommaient la science de Schelling, de Hegel. Bientôt ils se sont aperçus que cette philosophie ne les conduisait qu'au désert. Ils s'en sont retirés avec fracas, à la manière de l'hydrophobe. Seulement, ces doctrines qui les avaient trompés, ils ne les ont remplacées par aucune autre.

Voilà pourquoi ils donnent en ce moment le spectacle d'un peuple qui renie effrontément tout ce qu'il a proclamé comme la règle du vrai. Mais le reniement poussé à ce point a un nom parmi les hommes. Il s'appelle cynisme. Vous voyez, en effet, que le cynisme est au fond de toutes les déclarations qui nous viennent de l'Allemagne.

Par là vous comprenez aisément d'où sortent ces paroles aussi meurtrières que les actes, cette ostentation de barbaries, ces prétendues lois de la guerre forgées chaque jour comme une insulte au sens commun et à la nature humaine, cette théologie du meurtre, cette philosophie du vol, cette diplomatie du pillage, cette métaphysique du crime, ce défi à la justice, au droit, à l'humanité.

Tout cela part d'une nation qui a éteint ses propres lumières et veut éteindre celles des autres. Elle a besoin de la nuit pour sa grande orgie tudesque, qu'elle appelle son époque.

Mais c'est là aussi pour elle qu'est l'impossibilité de la victoire. Non ! le cynisme comme drapeau, principe, religion, ne deviendra pas le maître de l'espèce humaine ; il ne prévaudra pas. Puisque les Allemands, rejetant toutes leurs professions de foi, n'arborent que le cynisme, n'invoquent que le cynisme ; puisque le cynisme est tout ce qui reste au fond de leur coupe et qu'ils en sont froidement enivrés, il est certain, il est démontré, qu'ils ne sont pas faits pour vaincre la France et le monde.

O France ! chère patrie ! jamais tu ne fus si grande qu'en ce moment où, pillée, saccagée, assassinée par ces doucereux Vandales qui juraient n'en vouloir qu'à ton oppresseur, tu es seule à représenter et garder l'honneur du genre humain !

Depuis qu'ils te tiennent assiégée, qu'est devenue la justice ? Où y en a-t-il une parcelle ? Chacun dénonce son traité. Celui-ci sur la mer

Noire, cet autre sur le Luxembourg. Plus de liens pour personne, plus de parole. L'Europe entière n'est plus qu'un corps sans âme, à la merci d'un troupeau de uhlans.

Paris, 28 décembre 1870.

XV

en avant !

Au bruit des bombes, au seuil de cette année 1871, qui s'appellera, si nous le voulons, l'année de la victoire, calculons nos chances.

Délivrée du césarisme, la France entre, avec la République, dans le droit et la liberté. Au contraire, l'Allemagne s'enfonce dans le césarisme.

Nous nous élevons, elle s'abaisse. Elle veut avoir son empereur depuis que nous avons vomi le nôtre.

La gloire de notre homme de Sedan lui fait envie ; elle veut au moins en porter le nom et la défroque. Nous les lui abandonnons.

Il y avait, dans le monde, une forme de gouvernement dont nous venions d'éprouver la monstruosité renouvelée du bas-empire ; c'est précisément cette hideuse dépouille opime dont va s'affubler l'Allemagne. Elle rentre dans le passé maudit que nous venons de quitter : elle reprend la peau du serpent que le serpent a laissée à Sedan et à Metz.

Nous tendons la main à la liberté moderne vivante, l'Allemagne tend la main aux douze Césars dégénérés. De quel côté est la vie ? De quel côté est la victoire ?

Conservateurs ou libéraux allemands sont dans une pleine déroute morale, puisque chacun va directement contre son principe et s'enferre de ses armes. Un des premiers penseurs de l'Allemagne actuelle, fils d'un homme illustre, Fichte, me disait à propos de Sadowa cette chose étrange qui les peint d'un trait : « Comme homme, je suis « entièrement de votre avis. Comme Allemand, « je suis d'un avis diamétralement contraire. »

Ainsi ils opposent l'Allemand à l'homme ; chez eux, le premier tue le second.

Qu'attendent les conservateurs d'outre-Rhin ? L'anarchie. Ils adjurent la démagogie, ils offrent l'accolade des hobereaux à ce qu'ils appellent la populace. Et les libéraux allemands que demandent-ils ? Peu de chose. Qu'on nous fasse mourir de faim. C'est pour eux le signe suprême de la philanthropie.

Le beau projet, en effet, sur lequel toute l'Allemagne a les yeux attachés ! M. de Bismark lui a promis de nous faire mourir de faim, au nombre de deux cent mille hommes, pour fêter le nouvel an. Et les Allemands d'outre-Rhin réunis en famille autour de l'arbre de Noël, bougies allumées, demandent impatiemment : Vivent-ils donc encore ?

Gloire unique, occasion sans pareille qu'il ne faut pas laisser échapper ! Faire mourir de faim d'un seul coup toute l'élite, toute l'intelligence de la nation française, tous les écrivains de France, penseurs, historiens, poëtes, philosophes, matérialistes ou spiritualistes, peu importe, tous les artistes, sculpteurs, peintres d'histoire ou de paysage, architectes, tous les savants, chimistes, physiciens, naturalistes, médecins, tous les membres des cinq instituts, tous les professeurs, tous les orateurs et hommes d'État, s'il en reste ; et je ne parle pas du peuple, qui périra sans mémoire, pour faire nombre. Quelle idée de génie ! Quelle occasion d'en finir avec une nation rivale ! Honneur, gloire à une conception si grandiose ! Poëtes et prosateurs, artistes et savants, qu'ils tombent d'inanition sur les places publiques ! Alors le rêve de l'Allemagne sera réalisé. Elle primera enfin dans les arts, les lettres, les sciences, la philosophie et l'esthétique. Le recteur de l'université de Berlin, assisté du docteur Gervinius et du docteur Mommsen, régentera Paris. Sans cela quand donc viendra pour l'Allemagne le règne de l'esprit. Il court risque, en vérité, de n'arriver jamais.

Mais ce n'est pas seulement le règne de l'intelligence que convoitent les Prussiens, tant s'en faut. Si vous tombiez, si Paris devenait leur proie (c'est une indignité de le supposer, et je retire cette affreuse parole), voyez, supputez la ruine matérielle, je ne dis pas seulement ruine publique, nationale, je dis ruine privée. Pour accomplir leurs projets insensés, ils ont besoin de milliards. Où les prendront-ils ? Non pas dans les caisses publiques, mais dans votre avoir, dans vos coffres, dans vos veines.

Ils vous feront leurs garants, solidaires les uns des autres, saignant le riche, écorchant le pauvre. Nul n'échappera. Aux directeurs des grandes compagnies ils prendront leur capital, à l'actionnaire son revenu, au rentier sa rente, au propriétaire son fermage, au fermier sa récolte, au marchand son magasin, au paysan ses sabots, au mendiant sa besace, comme ils l'ont déjà fait partout où ils se sont abattus.

Que servira alors de répéter ce mot absurde : que les provinces sont séparées de Paris, qu'elles ne veulent pas entendre parler de Paris. Oh ! qu'ils sauront bien rétablir l'étroite solidarité de la capitale et des départements ! Quand il s'agira de mettre la France à sac, ils parleront de son unité. Le midi payera pour le nord, le nord pour le midi ; Paris pour la province, la province pour Paris.

Solidarité de ruine, de misère et de honte, si la solidarité de salut venait à manquer un seul jour.

« Cela regarde Paris. Ne nous en mêlons pas. »

Qui, aujourd'hui, oserait en France répéter de semblables paroles ? Tout le monde sent que ces ennemis, affamés de pillage, voulant la fortune de la France, iront la puiser dans ses derniers canaux ; de la tête aux pieds, du centre aux extrémités, jusque dans le dernier village, entre les mains des producteurs, comme des consommateurs, propriétaires, marchands, ouvriers, paysans.

Ce n'est pas une guerre seulement à l'État, mais à l'individu. Chacun doit être réduit, comme la nation, à rien. Telles sont leurs ambitions, leurs pensées, leurs espérances de déprédations.

Déjà ne poussent-ils pas la démence jusqu'à confisquer en Alsace et en Lorraine les propriétés des Français qui servent la France ! Dans quelle guerre vit-on rien de semblable ? Chez quel peuple ? En quel temps ? A cette infamie répondez, Alsaciens et Lorrains, en courant là où est le drapeau encore debout. Venez, arrivez par tous les chemins, aidez-nous à vous délivrer !

Il ne s'agit pas de sauver l'honneur, car dans

ce gouffre rien ne serait sauvé ; il s'agit de vaincre, et de vaincre à tout prix.

Nous le pouvons. Nous avons retrouvé le droit ; l'Allemagne l'a perdu, c'est quelque chose.

Elle s'étonne de nos jeunes armées de la Loire et du nord qui n'avaient pas encore vu le feu et qui surpassent les vieux soldats. Ce miracle de la liberté la confond. Bien d'autres prodiges l'attendent.

Vous chasserez les barbares, ils commencent à se lasser ; la France achève de se lever.

Il y a à peine quelques semaines, quand j'adressais mes appels en province, quand je pressais le recrutement des contingents, on me répondait :

« Il est trop tard ! D'ailleurs les paysans ont réfléchi, et, tout bien considéré, ils ne sont pas favorables au système de centralisation. — Cela est fort beau, disais-je ; mais envoyez à ces philosophes leur feuille de route, ils deviendront des héros. »

En peu de jours cela s'est fait. Ce que j'ai tant demandé s'est exécuté ; maintenant nos forces augmentent par le recrutement, à mesure que diminuent les forces prussiennes.

Le pigeon qui le premier a apporté la nouvelle de la formation des armées de secours ne nous a pas trompés. Je sollicite pour lui qu'il soit placé à perpétuité, au haut du mât de la nef, dans les armoiries de Paris.

Si ma foi dans la France m'a permis de voir clair, veuillez me croire encore lorsque j'affirme que, ayant la victoire morale, vous avez toutes les chances de vaincre matériellement.

Quoi ! vous espériez quand vous étiez seuls pour vous sauver ? Aujourd'hui que la France se couvre de nos bataillons, qu'ils fourmillent de toutes parts, est-ce le moment de douter ?

Une chose est vraie pourtant. Rien de pis pour des hommes d'action que de ne pas agir, pour des armées que l'inaction. C'est pendant ces jours stériles que la routine reprend sa puissance. C'est dans ces heures funestes que l'esprit de caserne se substitue au vrai génie de la guerre. L'action dissipera les mauvais songes. Le grand but couvrira les petitesses ; et qui pourrait être assez mort à toute idée de gloire pour ne pas se réveiller en de pareils moments ? Il ne s'agit plus seulement de délivrer la France, il s'agit de faire que l'ennemi n'en sorte pas.

En avant ! en avant ! Il n'est pas un hameau français où ce cri ne retentisse à cette heure. Il est répété par Chanzy, Bourbaki, Faidherbe, Garibaldi, au sud, à l'ouest, au nord, à Autun, à Nevers, à Vendôme, à Lille. Les masses qui chaque jour sortent de terre prennent Paris pour direction. Les rayons de la roue viennent se rattacher au centre ; l'immense circonférence se resserre autour de nos envahisseurs. Encore un pas, ils sont engloutis sous un déluge d'hommes. Paris crie à son tour : En avant ! C'est le mot d'ordre de la France entière.

Le froid et le gel ne nous arrêtent pas. C'est après tout la température d'Eylau. Il faisait plus froid à Austerlitz, quand son lac était gelé. Il faisait plus froid en Hollande quand nous avons pris la flotte enfermée dans les glaces. Nous saurons supporter pour nous délivrer ce que nous avons bravé quand il ne s'agissait que de conquérir.

Le bombardement que prouve-t-il ? La nécessité où sont nos ennemis de se hâter pour éviter les désastres qui les menacent.

Ils ne peuvent attendre davantage, car nos masses grossissent derrière eux. Ils sentent que le temps travaille pour nous. Leur calcul s'est trouvé faux. Ils n'espèrent plus avoir le temps de nous faire mourir de faim.

Oui, le plateau de la balance penche pour nous. Figurez-vous le moment où les armées allemandes subiront un premier échec, à cette distance du Rhin, prises au milieu de nos neiges ! Comprenez ce qui arrivera le jour où elles feront un premier pas en arrière ! Quelle maison, quel seuil, quelle haie, quelle muraille ne s'armera contre eux ?

Rappelez-vous le mot de leur prince Frédéric-Charles. Il se vérifiera ce jour-là. Le vengeur se trouvera partout, partout, partout !

Paris, 3 janvier 1871.

XVI

L'ARMÉE DE BOURBAKI

Un grand souffle de victoire s'élevait, il y a peu de jours, à la nouvelle que le général Bourbaki, sorti du Nivernais, avait réuni quatre corps et que Garibaldi réoccupait Dijon. Cette nouvelle, qui était vraie, permettait de tout espérer. Sans doute, de Dijon, de ce point qui était le plus près de nous, Bourbaki allait se diriger avec ses cent cinquante mille hommes sur Paris.

J'écrivis dans ce sens un mémoire, que j'adressai à qui de droit.

L'occasion était unique ; le bombardement imposait au général Bourbaki la loi élémentaire de marcher au canon. Et qui pouvait l'en empêcher ? La route était ouverte ; de Werder, battu, se retirait à l'est. C'était le moment où toutes les forces prussiennes s'acharnaient sur Chanzy ; l'idée ne venait pas alors de faire un détachement de l'armée d'investissement pour le porter ailleurs que sur le Mans.

Chanzy, en absorbant les forces, l'attention de

l'ennemi, donnait à Bourbaki le temps nécessaire pour atteindre Paris.

Sa direction était marquée avec évidence. Il allait marcher sur Troyes, gagner la Marne, appeler à lui Faidherbe, qui avait toute chance de le rejoindre par l'Aisne ; tous deux, au nombre de 250,000 hommes, viendraient tendre la main à l'armée assiégée de Paris. Si la jonction ne pouvait se faire, du moins l'un ou l'autre arriverait au but, et le but était le débloquement de Paris, c'est-à-dire la délivrance.

Une chose a montré combien ce plan, qui était dans la situation même, avait de probabilités de réussite. Garibaldi, poussé par l'admirable instinct de salut, marche dans la direction indiquée ; il arrive au delà de Semur, il bat ce qu'il trouve devant lui. Ce chemin était le chemin de Paris. L'idée militaire était là ; la nécessité de frapper le grand coup à Paris indiquait que la voie ouverte par Garibaldi était la seule qui pût conduire à la victoire.

Nous avons dû croire un moment que ce combat heureux de Garibaldi en avant de Semur montrait qu'il faisait l'avant-garde des quatre corps de Bourbaki. C'était, nous le pensions, l'annonce de l'approche de cette grande armée de secours. Quel autre but raisonnable pouvait-elle se proposer que de secourir Paris par le plus court chemin et le plus sûr ?

Bourbaki, maître de Dijon, sans grandes forces ennemies autour de lui, ayant par le fait gagné plusieurs jours de marche sur les détachements prussiens des Vosges, était dans la situation du général qui tient dans ses mains les destinées de son pays. La fortune lui ouvrait le chemin. En immobilisant les ennemis à distance, sur les Vosges, du côté du Rhin, elle lui donnait quelques jours, où il était maître de changer les conditions de la guerre. Ce sont de ces heures rapides où la gloire et le salut se condensent dans une résolution suprême.

Quelle a été la résolution du général Bourbaki ? Il avait à choisir entre deux objectifs : Paris ou Belfort, la capitale de la France ou Montbéliard, la Seine ou le Doubs. Qui pourra expliquer jamais les motifs de guerre par lesquels le général Bourbaki a négligé Paris pour Belfort, la capitale de la France pour Gray et pour Vesoul, la Seine pour le Doubs ?

Une seule chose est certaine ; à un moment donné, on a vu cette armée, en qui reposait notre espérance, faire demi-tour. Au lieu de se diriger vers nous par Semur, Troyes, la Marne, la Seine, on l'a vue courir à marches forcées dans la voie qui l'éloignait le plus de nous.

Lorsqu'elle aurait pu être sous nos murs, et se mêler à nous dans notre dernière sortie du 19 elle s'est trouvée, par un cruel miracle, à l'extrémité du département du Haut-Rhin. Nous l'appelions à Montretout, à Buzenval, à Rueil, elle nous a répondu à Lure, à Villersexel, dans le voisinage de l'évêché de Bâle.

Ainsi, pendant que la défaite du général Chanzy, en le forçant à la retraite, l'éloignait de nous, les succès du général Bourbaki produisaient le même effet en l'éloignant plus encore. Les marches du général Bourbaki n'ont pas été contrariées par l'ennemi ; au contraire, on dirait que les Prussiens de Werder, de Zastrow, en s'ouvrant devant lui, en abandonnant Gray, Vesoul, sans défense, l'invitaient à s'engager de plus en plus dans cette voie qui menait dans le vide. Pourvu que la grande armée de secours tournât le dos à Paris, pourvu qu'elle se mît dans l'impossibilité de le secourir à temps, les Prussiens tenaient la manœuvre pour inoffensive. Il me semble que je lis l'ordre de M. de Moltke : Laissez-les s'avancer tant qu'ils voudront à l'est, vers le Haut-Rhin ; pourvu qu'ils s'éloignent de Paris, tout est bon ; au besoin, ouvrez-vous pour leur faire place jusqu'à la forêt Noire.

Au fond, le mouvement de Bourbaki est de la même nature que celui de Mac-Mahon, dans la dernière période. Mac-Mahon à Châlons n'avait qu'à marcher devant lui pour venir couvrir Paris.

Au lieu de cela, il fait demi-tour, marche dans le sens opposé à Paris, et va perdre son armée, Paris et la France, à Sedan. De même Bourbaki à Dijon avait devant lui Paris ; poussé par je ne sais quelle contagion, il refait l'œuvre de Mac-Mahon, il tourne dans le sens opposé à Paris, il court à l'autre extrémité de la France ; Dieu fasse qu'il ne trouve pas un Sedan à Belfort !

Mais, dites-vous, le mouvement de Bourbaki était bien combiné ; il reposait sur une forte conception. Laquelle ? Il s'agissait dans cette marche à l'est et sur les Vosges, de couper les communications des armées allemandes. Maître de la ligne de Belfort, on empêchait les convois ennemis de pénétrer en France ; dès lors, plus de renforts, plus de munitions pour l'armée prussienne qui investit Paris. Sans approvisionnements, elle serait bientôt obligée de renoncer d'elle-même au siége de Paris.

O illusion des illusions ! comme si, pour cerner l'armée allemande, il était nécessaire aux Français de retourner jusqu'à l'entrée des Vosges ! Plus on s'éloigne de Paris, plus les lignes de l'ennemi deviennent divergentes. Une armée française est mieux placée, pour couper de sa base l'armée prussienne, à Meaux qu'à Troyes, à Troyes qu'à Châlons, à Châlons qu'à Nancy, à Nancy qu'à Belfort. Si l'on s'éloignait plus encore, jusqu'au Rhin, on trouverait les lignes ennemies plus divergentes de Cologne à Coblentz, à Mayence, à Mannheim, et, si l'on pouvait supposer qu'on pénétrât plus loin encore, les lignes de l'ennemi s'étendraient de Kœnigsberg à Dantzig, à Berlin, à Dresde, à Stuttgart, à Munich. Il est trop évident que, s'il s'agit d'une pyramide, le sommet où toutes les lignes convergent est plus facile à couper que la base qui va toujours s'élargissant.

A ce point de vue, le mouvement du général Bourbaki a été précisément le contraire de ce qu'il devait être depuis le départ de Dijon. Si l'on voulait étouffer l'ennemi, c'était à la gorge qu'il fallait le prendre, aux approches de Paris, et non pas aux extrémités de la Lorraine ou de l'Alsace.

Le bruit court que l'expédition de Bourbaki a échoué ; il n'a pu même débloquer Belfort. S'il en est ainsi nous avons deux choses à faire : la première est de nous défendre de tout étonnement, et cela m'est aisé, puisque ayant considéré, dès l'origine, comme funeste la résolution prise par Bourbaki, et y ayant vu une imitation inconsciente de la marche de Mac-Mahon, je ne puis m'étonner en rien des calamités qu'elle entraîne.

La seconde question que nous avons à nous

poser est celle-ci : Que nous reste-t-il à faire ? Pouvons-nous tirer un avantage de l'échec inévitable de Bourbaki ? On nous dit qu'il est obligé de battre en retraite. S'il ne s'agit que d'une retraite ordinaire, il se trouverait que l'ennemi, en le forçant à renoncer à marcher sur les Vosges, l'aurait rejeté dans la direction qu'il n'aurait jamais dû quitter, c'est-à-dire la direction de Paris. Dans ce cas, l'adversité l'aurait servi ; il dépendrait encore du gouvernement de la défense nationale de tirer peut-être quelque parti de nos calamités même.

J'ai supplié le gouvernement de rappeler Bourbaki à la question, s'il a une armée, de lui enjoindre enfin de s'occuper non des Vosges, mais de Paris ! Le gouvernement pouvait à son heure envoyer des messagers, prescrire à Bourbaki de faire tout le contraire de ce qu'il a fait jusqu'ici, c'est-à-dire de se rapprocher du centre au lieu de se porter à la circonférence. Dans le cas où il eût été trop difficile à Bourbaki de changer de méthode et de plan, il eût dû céder son commandement au général qui, dès la première heure jusqu'à la dernière, a marché dans la vraie direction, une fois par Châtillon-sur-Seine, une autre par Semur ; ce général est Garibaldi. Il a montré qu'il a le secret des marches, qui a échappé aux autres. Il possède la puissance qui nous est le plus nécessaire en ce moment ; il sait ne pas désespérer là où les autres désespèrent. C'est aujourd'hui le premier des arts et la première des vertus.

En supposant que la marche sur Paris soit impossible, il faudrait que les armées de province se donnassent rendez-vous au sud de la Loire, dans les montagnes de l'Auvergne, du Cantal, des Cévennes. C'est là qu'elles trouveraient les champs de bataille qui leur conviennent, et qui leur ont toujours manqué. Cette portion de la France n'a jamais subi la présence d'armées étrangères ; elle offre partout des retranchements naturels pour abriter des troupes de nouvelle levée. L'Auvergne, les Cévennes resteraient debout ; elles donneraient la dernière base à la guerre nationale, elles useraient l'ennemi et nous rendraient la France. Elles seraient pour nous ce qu'ont été les Asturies pour l'Espagne, le Tyrol pour les Allemands.

Paris, 25 janvier 1871.

ŒUVRES POLITIQUES

APRÈS L'EXIL

MANIFESTES ET DISCOURS

BORDEAUX-VERSAILLES

ŒUVRES POLITIQUES

APRÈS L'EXIL

MANIFESTES ET DISCOURS

I

DISCOURS CONTRE LE TRAITÉ DE PAIX

ASSEMBLÉE NATIONALE

Séance du mercredi 1 mars 1871. Bordeaux. Présidence de M. Grévy.

M. Edgar Quinet. — Messieurs, ayant passé une partie de ma vie à suivre de près la politique de la Prusse et de l'Allemagne, je vous prie de m'accorder un moment d'attention ; je ne demande qu'un moment. (*Parlez ! parlez !*)

Ceux qui désirent le plus ardemment la paix ont, ce me semble, un devoir à remplir : ils se garderont bien de publier trop haut leurs intentions, car ils se mettraient ainsi à la merci du vainqueur. Toute négociation serait impossible si l'on admettait d'avance, sans examen, que la paix est le seul refuge de la France. La vérité, la raison, l'amour du pays, exigent le contraire. Mesurons ce que pourrait encore un grand peuple que l'ennemi prétendrait pousser au désespoir. Je dis que les ressources de ce peuple sont encore immenses, et que plus d'une nation s'est relevée d'une situation pire que la nôtre.

Pour guérir les plaies de la France, une première condition est nécessaire : Il faut que la France sache qu'elle est rentrée dans la liberté et qu'elle ne peut plus en sortir ; il faut qu'elle sache qu'elle porte encore en elle l'avenir du monde sous l'égide de la République... (*Mouvements en sens divers.*)

M. Victor Hugo. — Je demande la parole !

M. Edgar Quinet. — Ses forces seront doublées.

Maintenant, voyons ce que veut l'ennemi.

Après ses dures paroles, ses dures conditions, je crains que sa pensée secrète ne soit plus dure encore.

Jusqu'ici, les conquérants se contentaient de mettre la main sur un territoire, de s'en emparer de force. Ils le gardaient s'ils le pouvaient. C'était le droit de la guerre. Aujourd'hui les prétentions de la Prusse sont toutes nouvelles. Après avoir saisi l'Alsace et la Lorraine, elle prétend faire voter, consacrer cette prise de possession par le suffrage universel. Ce qui n'est jusqu'ici qu'une déprédation deviendrait ainsi le droit consenti par les Français.

Ici se montre le secret, la pensée intime des puissances allemandes ; elles savent que tout ce qui n'est pas fondé sur les principes nouveaux inaugurés par la France est caduc. Elles veulent que la France se poignarde avec son suffrage universel. Faire servir une Assemblée nationale à démembrer la nation, voilà le dessein de l'ennemi.

Ainsi l'esprit féodal allemand se venge de nos libres institutions démocratiques en faisant d'elles l'instrument de notre ruine. C'est là la pensée de la Prusse : obliger la France de se mutiler elle-même ; faire de la France un peuple tributaire de cinq milliards, à la manière des peuples asservis de l'antiquité.

Voilà le droit nouveau allemand où se mêle la haine féodale à la haine de race. (*Approbation à gauche.*)

Mais, ces principes de mort, pouvons-nous y souscrire ? Où chercherais-je le droit de livrer des populations qui ne veulent pas être livrées ?

Vous le savez comme moi : une Assemblée ne peut pas faire tout ce qu'elle veut ; elle ne peut rien contre la force des choses. Or, s'il est une vérité consacrée, c'est que l'Alsace et la Lorraine font partie intégrante et nécessaire de la France.

Vous l'avez entendu dernièrement de la bouche de leurs représentants. Cette terre d'Alsace et de Lorraine crie : Je suis France ! Je veux rester France ! Il n'appartient qu'à la force de soutenir le contraire. (*Approbation sur plusieurs bancs.*)

Mais le droit n'a rien à faire ici pour consacrer la démence et les impiétés de la force. (*Bravos sur divers bancs.*)

Pour moi, je l'avoue, je ne me sens pas le droit de dire à des compatriotes, liés à nos destinées depuis des siècles : Vous êtes Français comme moi, je vous ai toujours connus Français ; et maintenant, aujourd'hui ou demain, vous allez cesser de l'être. Vous deviendrez Prussiens, Allemands, que sais-je, tout ce que l'on voudra ; cela est absurde ; pourtant cela sera en vertu de mon vote et de mon libre arbitre.

Eh bien, messieurs, ces paroles, je ne puis les prononcer ; personne ne m'a donné le droit de les prononcer, parce qu'elles contiennent en elles une iniquité et une impossibilité. (*Approbation à gauche.*)

Voilà pour le fond de la question. Venons maintenant aux prétextes.

Sur quoi se fonde l'Allemagne pour s'attribuer,

dans le butin, l'Alsace et la Lorraine ? C'est, dit-elle, que ces provinces lui sont nécessaires pour la couvrir contre une agression future de la France.

Or, ce prétexte se détruit lui-même à nos yeux. Il n'est pas vrai que dans la constitution actuelle de la France et de l'Europe, l'Alsace et la Lorraine soient des positions agressives contre l'Allemagne. Cela a été démontré avec une évidence funèbre dans cette dernière guerre : une armée française ne peut déboucher de Strasbourg sur l'autre côté du Rhin, sans avoir aussitôt derrière elle l'armée prussienne sur la Saar. Dès leurs premiers pas de l'autre côté du Rhin, les Français seraient plus loin de Paris que ne le seraient les Prussiens. Il est donc certain que l'Alsace et la Lorraine ne sont pas aujourd'hui des positions offensives contre l'Allemagne.

Mais la vérité, la voici : par les traités de 1814 et 1815, les puissances allemandes ont pris contre la France toutes leurs précautions ; elles ont ôté à la France tout ce qui pouvait lui être ôté sans la détruire.

Souvent nous entendons répéter : l'Alsace et la Lorraine sont des provinces intéressantes, mais songez à la France.

La question, messieurs, est ainsi mal posée ; ce n'est que la moitié de la vérité. Pour la rétablir dans son entier, il faut dire : L'Alsace et la Lorraine ne sont pas seulement deux provinces ; elles sont les deux boulevards de la France, elles en sont les deux remparts ; ôtez-les à la France, et elle est ouverte à l'ennemi. Que la Prusse possède ces remparts, et la Prusse peut s'étendre à son gré dans la France centrale ; elle peut déborder, sans trouver d'obstacles, jusqu'à la Marne. L'ennemi est maître chez nous ; il est à perpétuité sur le chemin de Paris, il tient la France à la gorge !

Est-ce là, je vous le demande, une paix ? Non, c'est la guerre à perpétuité sous le masque de la paix. Si c'est là ce que demande la Prusse, il est donc bien vrai qu'elle veut, non pas seulement notre déchéance, mais notre anéantissement.

Or, c'est là ce que je ne signerai jamais ! Si le présent est funeste, sauvons au moins le lendemain : nous ne le pouvons qu'en repoussant les préliminaires de paix qui détruisent à la fois le présent et l'avenir (1) ! (*Approbation sur plusieurs bancs à gauche.*)

(1) Au moment de la signature du traité de paix, il y avait en France 800,000 hommes sous les drapeaux, 1,100 pièces de canon attelées ; dans un mois, cette artillerie devait être doublée.

II

PARIS PENDANT LE SIÉGE

Discours dans les bureaux.

Bordeaux, mars 1871.

J'ai assisté au siége de Paris. Dans ces cinq mois à jamais mémorables, ce qui m'étonne, c'est le calme, la tranquillité d'âme, la sérénité de cette immense population au milieu de tant de dangers et de causes de troubles et d'émotions, combats et batailles, bombardement, famine, isolement du reste de la terre.

Un peuple si docile à la raison, si facile à gouverner, en des jours pareils, voilà ce qui fera éternellement l'admiration du monde. Car cela ne s'est pas vu encore, que je sache, à aucune époque de l'histoire. Paris a été grand, il a bien mérité de la France. C'est le sentiment unanime de l'Europe et de nos ennemis.

Vous proclameriez le contraire, si vous transportiez ailleurs qu'à Paris le siége de l'Assemblée.

Votre présence dans la capitale signifiera confiance.

Au contraire, en choisissant une autre ville pour y siéger, vous paraîtrez tenir Paris pour suspect et vouloir le punir.

Le punir! et de quoi? De son héroïsme? Tout le monde y applaudit. D'avoir fait la Révolution du 4 septembre? Vous-mêmes avez consacré cette Révolution en proclamant la déchéance de la dynastie renversée au 4 septembre.

De ce peu de mots, je conclus que notre place est à Paris.

Déjà la France est mutilée, démembrée, prenez garde que l'on dise de vous : Ils l'ont décapitée.

III

AU CONSEIL MUNICIPAL DE MACON

Versailles, 18 avril 1871.

Chers et honorés concitoyens,

Nous croyons encore pouvoir défendre dans l'Assemblée nationale les droits de tous en défendant la République. Votre Adresse même nous prouve combien nous avons raison de ne pas désespérer.

Vous nous pressez d'agir, de concert avec vous, pour rétablir la paix publique ; votre pensée s'est rencontrée avec la nôtre.

Quand votre parole d'alliance nous est arrivée, nous aussi nous travaillions comme vous à renouer les liens avec la province.

Dans la lutte affreuse entre Paris et Versailles, nous entretenions l'espoir de faire intervenir la France, pour réconcilier ses enfants, persuadés que le mal est si grand, que la nation tout entière peut seule guérir les maux de la nation.

Non, il n'est pas vrai que les provinces soient

les ennemies de Paris et de la République. Vous protestez contre ces appels à la haine, à la mort. Avec vous, les principales villes travaillent à mettre la paix à la place de la guerre.

Quelle tâche plus urgente pouvons-nous concevoir pour nous tous que de refaire l'alliance entre Paris et les départements ?

Votre langage, celui de Lyon, Lille, Besançon, Saint-Omer, etc., montrent assez que, sous cette prétendue désunion il est un fonds séculaire de fraternité et d'amitié que rien ne peut détruire.

Et pourquoi Paris et les départements seraient-ils désunis ? Ils aspirent tous ensemble à fonder les libertés communales, qui n'ont jamais été stables en France.

Nous les avions perdues, ces libertés, par la volonté persistante de l'ancien régime. La Révolution n'avait pu réussir à nous les rendre ; nous les cherchons encore. C'est la pierre de fondation sur laquelle nous voulons tous relever la nation dans sa force, en dépit des ruines qui nous entourent. S'il en est ainsi, conseils municipaux de France, qui allez sortir des élections nouvelles, unissez votre voix à la nôtre.

Des concessions sont nécessaires : faites-vous les répondants de ces concessions réciproques. Qui pourrait frauder des promesses placées sous la sauvegarde des principales villes de France ?

Ce serait un beau jour que celui où les communes principales, unies dans un même esprit de concorde, joindraient toutes ensemble leurs mains en acclamant la paix et la République.

Une pareille réconciliation, scellée solennellement par de tels témoins, empêcherait tous les piéges de l'avenir. Elle assurerait encore, ce que nous avons peine à concevoir aujourd'hui, un âge de prospérité à notre France. Sa renaissance sortirait de sa détresse.

Et nous tous, représentants de Paris, représentants de la nation à un titre quelconque, nous pourrions dire : Nous avons été les médiateurs de cette réconciliation. Cette tâche était grande, elle est remplie. La France reste l'espoir de l'Europe et du monde.

EDGAR QUINET, LOUIS BLANC, LANGLOIS,
A. PEYRAT, FARCY, TIRARD, HENRI BRISSON,
GREPPO, BRUNET, TOLAIN.

IV

PROJET DE CAHIERS DES RÉPUBLICAINS DE 1871

(Discours à l'Union républicaine.)

Plus la situation est terrible, plus nous avons besoin de sang-froid. Ce qu'il nous faut, ce n'est pas une résolution prise dans un moment de passion et de douleur légitimes. C'est une idée politique, un terrain indiscutable, où nous puissions nous établir avec toutes les forces de l'évidence.

Quelle sera cette idée ? La voici, telle que l'expérience de tous les temps l'a démontrée et consacrée.

Dans les guerres civiles, la bataille ne termine rien. Après le sang versé, tout reste à faire pour le législateur. Le moyen véritable de mettre fin aux dissensions, de ramener la paix publique, a toujours été de faire un progrès dans le droit.

Ce qui a été vrai politiquement dans tous les temps l'est encore aujourd'hui.

Là est le terrain solide, où nous pouvons mettre d'accord ce que nous devons à nos électeurs, et ce que nous devons à une assemblée issue du suffrage universel.

Quand nous aurons établi quels sont les principes de justice, nous en ferons une suite de propositions à l'Assemblée, ou même nous examinerons s'il ne convient pas de les réunir dans une sorte de cahiers des républicains de 1871.

En vain nos propositions seraient rejetées, nous aurions donné une base légitime aux revendications de la justice et du droit.

Cela vaudra mieux que toutes les proclamations générales que nous pourrions faire pour les voir étouffées.

Nous aurons marqué le champ où nous pouvons lutter.

La masse des électeurs qui est attachée à des idées saines verra avec satisfaction qu'elles sont représentées loyalement quelque part.

L'espérance renaîtra chez ceux qui commencent à la perdre. Ils verront un phare et s'y rallieront. Ils nous approuveront de n'avoir pas désespéré de la liberté, et de rester à notre poste pour y remplir le mandat qu'ils nous ont donné : défendre leurs droits en défendant la République.

Un exemple expliquera notre pensée. Parmi les réclamations de notre temps, il en est une qui frappe d'abord par sa justesse : c'est la nécessité d'empêcher par la loi que la représentation des villes ne soit étouffée par celle des campagnes.

Une proposition dans ce sens est assurément une des conséquences de la situation actuelle.

Il s'agira d'appliquer le même esprit à tout ce qui nous paraîtra marqué du même caractère de justice.

Ainsi nous aurons un système de conduite qui nous permettra de faire face aux difficultés les plus grandes que jamais hommes politiques aient rencontrées, et nous apporterons aux dissensions civiles le seul remède efficace que l'expérience et la raison aient pu découvrir jusqu'ici. »

A la suite de cette délibération, M. Quinet, dans la séance du 12 avril, a déposé sur la tribune de l'Assemblée la proposition qu'ont signée, avec lui, MM. Tolain, Peyrat, Langlois, Tirard, Henri Brisson, Edmond Adam, Louis Blanc.

En voici le texte :

« Considérant que si les campagnes ont le droit d'être représentées, ce droit est égal pour les villes ;

« Que dans le système actuel ce droit peut être détruit, puisque les représentants des villes peuvent perdre cette qualité par l'effet du vote des campagnes ;

« Que les villes sont des personnes civiles, qui ont leur tradition, leur histoire, leur vie propre ; qu'à ce titre, elles ont un droit inaliénable à élire leur représentation, indépendamment du vote des campagnes ;

« Qu'il est contraire à toute justice que des villes de cent à cent soixante-dix mille habitants, après avoir nommé leurs représentants, soient privées de leurs élus par un vote auquel elles sont étrangères ;

« Que cette infraction à la justice porte le coup le plus funeste non seulement à la liberté, mais à la civilisation de la France ;

« Qu'un moyen puissant d'éviter les troubles civils est de concilier les villes et les campagnes en conciliant les droits des unes et des autres,

« L'Assemblée nationale décrète :

« Art. 1er. — Chaque ville de cinquante (1) mille habitants élit un député.

« Art. 2. — Toute ville élira autant de députés en sus qu'elle aura de fois cinquante mille habitants. »

---

(1) Le chiffre de 35,000 avait été proposé, pour servir de base à la discussion. M. Quinet déclara plus tard accepter celui de 50,000.

V

DISCOURS SUR LA REPRÉSENTATION DES VILLES

ASSEMBLÉE NATIONALE (VERSAILLES).

Séance du 8 mai 1871.

M. LE PRÉSIDENT. — L'ordre du jour appelle la discussion sur la prise en considération de la proposition de MM. Quinet, Langlois et plusieurs autres de nos collègues, tendant à modifier la loi électorale.

Cette proposition est ainsi conçue :

« Art. 1er. Chaque ville de 35,000 (1) habitants aura un député.

« Art. 2. Toute ville élira autant de députés en sus qu'elle aura de fois 35,000 habitants. »

La commission d'initiative est d'avis de ne pas prendre cette proposition en considération.

M. Quinet a la parole contre les conclusions de la commission.

M. EDGAR QUINET. — La proposition tendant à

---

(1) Ou plutôt de 50,000, comme on verra plus loin.

modifier la loi électorale, que j'ai l'honneur de soumettre à l'Assemblée, d'accord avec plusieurs de nos collègues qui l'ont signée, n'est pas née dans les circonstances actuelles ; elle n'a pas été inspirée par ce moment.

J'en avais déjà conçu l'idée et je l'avais formulée bien avant qu'il ne fût question pour l'Assemblée de se rendre à Versailles.

Je suis profondément convaincu de la légitimité et de la justice sur lesquelles repose cette proposition de loi.

Cela me dispense de faire entrer aucune passion dans une question qui, selon moi, doit être traitée uniquement par des considérations tirées de la nature et des conditions du suffrage universel.

Depuis le premier jour où je suis entré dans cette Assemblée, messieurs, j'ai été frappé d'une chose : nous répétons tous que le suffrage universel est le fondement de notre existence politique, notre raison d'être ; cela est vrai. J'en conclus que rien n'est plus important, n'est plus urgent que d'examiner cette base de notre existence et de voir si nous ne pouvons pas introduire un progrès dans la constitution du suffrage universel tel qu'il est établi.

Une chose est certaine. L'ancien régime, en abolissant les franchises municipales, avait réussi à extirper toute influence des villes dans l'ordre politique. La Révolution française a fait peu de chose pour changer cette situation. Si l'on examine nos constitutions, depuis 1791 jusqu'aux chartes de 1814 et de 1830, on s'aperçoit qu'il a été fait peu d'efforts pour garantir aux villes un droit de représentation proportionné à leur importance. (*Rumeurs diverses.*)

M. PAGÈS-DUPORT. — Je demande la parole.

M. EDGAR QUINET. — En 1848, les hommes politiques qui ont fondé chez nous le suffrage universel ont reçu cet héritage ; comme tous les pouvoirs précédents, ils ont absorbé les voix des villes dans les voix des campagnes. Par là, ils ont négligé d'organiser le suffrage universel, et c'est la tâche qu'ils nous ont laissée ; c'est la plus grande, selon moi, que nous ayons à accomplir.

Il ne suffit pas, en effet, de proclamer le suffrage universel pour qu'il devienne aujourd'hui un *fiat lux*, pour qu'il soit l'écho, la voix, l'expression rigoureusement exacte de la société. Si l'on veut que le suffrage universel soit tout ce qu'il peut être, il faut qu'il soit fait à l'image de la nation. D'où la nécessité de se rendre compte des éléments qui la composent.

Or, la société française n'est pas seulement une masse informe, une agglomération confuse, une multitude. Cette multitude, pour devenir un peu-

ple, est arrivée, par le travail du temps, à sortir
de la confusion. Elle a reçu de la main du temps
certaines formes, des traits, une physionomie, un
caractère, qui font la société française. Et parmi
ces traits, il en est un qu'il est impossible de méconnaître : c'est la distinction des villes et des
campagnes. (*Réclamations sur plusieurs bancs.*)

M. Richier. — Ce n'est pas de l'égalité, cela !

M. Edgar Quinet. — Si ces deux éléments font
partie de la configuration politique de la nation
française, s'ils l'ont marquée de leur empreinte, il
faut qu'ils reparaissent dans la loi électorale pour
qu'elle soit faite à l'image fidèle de la nation.

M. le marquis d'Andelarre. — Et les habitants des campagnes seront des parias ?

M. Edgar Quinet. — Supposez un moment que
toutes les villes de France soient rasées... (*Exclamations*) et qu'on ne laisse subsister que les hameaux, pourrons-nous dire : Voilà la France industrielle et politique telle que la civilisation l'a
faite ?

M. Thiers, *chef du pouvoir exécutif.* — Et si les campagnes étaient rasées ?...

M. Edgar Quinet. — Or, que voyons-nous
dans le suffrage universel établi en 1848 ? Où a-t-on fait un effort pour affirmer, consacrer le droit
inaliénable des villes ?... Le législateur de 1848 n'y
a pas songé.

Plusieurs membres. — Il a bien fait !

M. Edgar Quinet. — Comment s'étonner, après cela, que le suffrage universel ne guérisse pas, en un moment, toutes nos plaies ?

Le suffrage universel n'a pas ailli tout armé de l'année 1848 ; il n'est pas arrivé, en un moment, à sa perfection. Le suffrage universel, comme toute chose, est susceptible d'améliorations, de progrès : c'est un de ces progrès que je demande à l'Assemblée de lui faire accomplir. Depuis vingt-trois ans, le suffrage universel est immuable : je demande à l'Assemblée de lui faire faire un pas...

Quelques membres. En arrière !

M. Edgar Quinet. — ... Dans la vérité, dans l'équité ; et quand je demande que le droit des villes, leur esprit, leurs intérêts soient consacrés, je ne méconnais pas pour cela les droits des campagnes...

Voix diverses. — Ah ! c'est heureux !

M. Edgar Quinet — ... Mais je maintiens qu'il est contraire à l'équité que l'un de ces droits efface, annihile les autres.

Les villes ont eu une part immense dans cette œuvre que nous appelons la France...

Quelques membres. — Les campagnes n'en ont donc eu aucune?

M. Edgar Quinet. — ... Elles sont des foyers d'activité et de travail,

Sur plusieurs bancs. — Les campagnes ne travaillent donc pas ?

M. Edgar Quinet. — Lorsque ces centres d'activité n'ont pas leur part dans la représentation, alors que, par l'incurie du législateur, leurs places sont vides dans cette enceinte, je dis qu'il y a, par cela même, une cause de trouble dans le fond même de la loi ; et c'est là, assurément, une des causes qui ont contribué le plus à stériliser nos efforts et nos résolutions. Les villes ne sont pas seulement des lieux où sont parqués un certain nombre d'habitants ; elles ont des intérêts particuliers, des traditions, une histoire ; elles sont, avant tout, des personnes civiles, des unités vivantes formant des éléments spéciaux. Si donc elles sont effacées de la carte politique, il y a un vide qui éclate à tous les yeux ; le suffrage universel en est profondément altéré. Tous les traits vivants de la France ne se retrouvent plus dans la représentation ; c'est une copie qui ne ressemble plus exactement à l'original.

Un mot expliquera ma pensée.

Un sculpteur qui se contenterait de prendre un bloc de marbre et de l'étaler sur la place publique ne ferait pas pour cela une œuvre d'art. Il faudrait encore qu'il tirât des profondeurs de la pierre, une figure, des traits, une physionomie, un corps, une personne ; à ce prix seulement vous reconnaîtriez l'artiste et vous diriez : Voilà une œuvre d'art ! De même pour le législateur : il ne suffit pas qu'il jette le suffrage universel, en bloc, sur la place publique. Il ne fait là qu'une ébauche ; il faut encore qu'il fasse sortir de cette ébauche confuse ce qui appartient à toute organisation, et je veux dire ici les formes de la société qu'il s'agit de représenter.

Messieurs, ce que je viens d'établir n'est point fondé sur un vain désir d'innovation, mais sur la force, la raison des choses. Cela est si vrai, que les peuples qui sont restés étrangers aux révolutions, mais qui ont conservé le pouvoir municipal, ont consacré dans leurs lois électorales le respect de la personnalité politique des villes.

Je me contenterai de citer l'Angleterre, la Suède, une partie de l'Allemagne.

L'Angleterre consacre le vote de ses villes savantes, elle assure le suffrage de ses universités.

Quelques voix. — Et les bourgs pourris ?

Autres voix. — L'Angleterre n'a pas le suffrage universel !

M. Edgar Quinet. — Des villes anglaises avaient, il y a des siècles, le droit de représentation. Elles ont perdu leur importance, leur industrie, une partie de leurs habitants. Elles sont devenues des bourgs ; et pourtant le droit de représentation est resté si vivace, si robuste, qu'il s'est attaché à ces bourgs, à ces débris, à ces ruines ; rien n'a pu l'en extirper.

Chez nous, c'est l'exemple opposé. Les villes ont prospéré ; leur population a doublé, a quintuplé ; leurs intérêts se sont multipliés. Cependant, elles n'ont pu acquérir dans toute sa plénitude le droit de représentation, puisqu'il peut toujours être enlevé par une majorité qui leur est étrangère.

Entre les bourgs anglais et les villes de France, il s'agit de trouver un tempérament.

La proposition que j'ai l'honneur de vous soumettre a pour but d'établir ce tempérament dans la loi.

En Suède, on groupe plusieurs villes dans une même circonscription. En Wurtemberg, la plupart des villes importantes ont leur droit inaliénable de représentation. Stuttgard, Tubingue, Ulm et tant d'autres ont leur droit de représentation : ces villes sont considérées comme des personnes civiles, auxquelles on ne peut enlever ni leur droit ni leur personnalité politique.

Je ne dirai qu'un mot de l'Espagne. Grâce à ses souvenirs municipaux, l'Espagne a pu faire un grand pas. Ses villes importantes, ses chefs-lieux de province qui correspondent à nos chefs-lieux de département, nomment leurs députés.

Saragosse, Barcelone, Grenade et tant d'autres, qui ont fait en grande partie l'Espagne, ne pouvaient être absentes d'une assemblée espagnole.

Voilà pour l'étranger. Quant à nous, nous recherchons encore quelles sont les causes qui nous ont empêchés d'organiser le suffrage universel sur le plan de la réalité : hâtons-nous d'y rentrer.

On a toujours dit que le meilleur moyen de terminer les guerres civiles, c'est de faire un pas dans la justice.

M. Antonin Lefèvre-Pontalis, *rapporteur*. — Je demande la parole.

M. Edgar Quinet.— Or, qu'y a-t-il de plus juste que ce que je demande ?

M. Peltereau-Villeneuve. — Je demande la parole.

M. Edgar Quinet. — Faisons cesser la contradiction qui existe entre la société française et la loi électorale ; rendons aux principaux organes de la civilisation française le droit inaliénable de se produire dans la représentation de tous. Ne réduisons pas ce droit à l'apparence en le submergeant sous un vote étranger. Concilions les villes et les campagnes en conciliant les droits des unes et des autres. Ainsi nous ferons entrer l'ordre et la paix dans la loi : vrai moyen de faire entrer l'ordre et la paix dans la société française.

Je termine par quelques mots sur les objections qui nous ont été faites.

On a dit : Cette proposition de loi suppose une refonte complète du système électoral. A cela je réponds : La proposition a été conçue en des termes si mesurés qu'elle peut facilement s'adapter au mécanisme de la loi électorale actuelle.

Mais, dit-on, ce chiffre de 35,000 devrait être porté à 50,000.

Si l'on accepte le principe, ce n'est pas le chiffre qui fera la difficulté ; du moins ce n'est pas moi qui élèverai sur ce point-là des obstacles.

On dit encore : La proposition excite l'antagonisme entre les villes et les campagnes.

Tout au contraire, l'antagonisme existe aujourd'hui parce que les villes et les campagnes se disputent une même représentation. Mais si les villes avaient leurs députés, et les campagnes les leurs, il n'y aurait plus ni vainqueurs ni vaincus dans l'arène électorale ; l'antagonisme disparaîtrait.

Autre objection tirée cette fois du principe d'égalité : ce serait, dit-on, un privilége pour les villes.

Mais quoi ! si l'on accepte le chiffre de 50,000, où est le privilége ?

Trop souvent, messieurs, l'égalité chez nous se dresse quand il s'agit d'éconduire la liberté. Toutes les fois que cela arrive, je me défie de cette égalité ; je crois que c'est une égalité factice.

On poursuit : Les villes de 35,000 âmes, qu'en faites-vous ?

J'avais d'abord songé à les faire entrer dans la proposition ; avec le désir de simplifier, je me suis arrêté à une limite. La proposition que nous faisons est juste ; elle n'est pas toute la justice. Si quelqu'un veut aller au delà de ce que je propose, certes je ne m'y opposerai pas ; mais parce que les termes du projet de loi sont mesurés, ce n'est pas là une raison de le repousser.

Enfin, messieurs, permettez-moi de terminer par ces mots : quoi qu'il arrive, j'ai la conviction assurée que les principes que je viens d'exposer entreront tôt ou tard dans notre législation. Je crois fermement que l'avenir et la régénération de notre pays sont là. (*Mouvements en sens divers.*)

VI

UNE DES CAUSES DE L'INSURRECTION DE PARIS (1).

Versailles, juin 1871.

Quelle est, de toutes les formes de gouvernement qui ont existé sur la terre, celle que vous préférez et voulez établir le mois prochain : République, Monarchie, Césarisme, Patriciat, Patriarchat? Cette question répugne à la raison.

C'est demander aux Français : Vous plaît-il d'être des hommes de l'antiquité ou du moyen âge, ou de l'époque de la seconde Dynastie égyptienne ? Choisissez, décidez. Tous les siècles sont rassemblés devant vous. Écrivez sur votre bulletin, à quel siècle il vous plaît d'appartenir. Vous disposez du cours des âges. Fixez vous-mêmes l'époque du monde dans laquelle il vous convient de vous établir. Est-ce l'Inde ? Est-ce l'Égypte ? Est-ce le temps du grand roi d'Asie ? Sont-ce les Olympiades ? Toutes les dates de l'histoire universelle vous sont ouvertes. Dites un mot seulement par un vote ; les siècles vous obéi-

(1) Pages posthumes.

ront. Donnez votre suffrage à celui qui vous plaira ; vous le verrez renaître à votre appel. Vous allez vous trouver par la magie de ce vote replacés, dans l'échelle des temps, au moment que vous aurez choisi pour votre bon plaisir.

Ne voyez-vous pas qu'une question ainsi posée, répugnant à la raison, ne peut provoquer qu'une réponse aveugle ? Rien de plus périlleux que de déchaîner des problèmes absurdes dans l'esprit d'un peuple. C'est ainsi que l'on provoque la démence.

Pour moi, je ne puis douter que la seule annonce de ce problème insensé n'ait contribué à ôter aux esprits leur équilibre et à susciter la déraison de la Commune de Paris. Car le vertige appelle le vertige. Quand les hommes de l'insurrection ont vu s'ouvrir devant eux cet abîme d'incertitude, de scepticisme légal, que le terrain visible de la République disparaissait pour faire place au gouffre des questions réservées ; quand ils ont vu que chacun pouvait faire son choix entre toutes les combinaisons du passé ou de l'avenir, que le présent s'évanouissait dans un Pyrrhonisme universel, ne sentant plus sous leurs pas aucune base, mais le vide absolu, n'est-il pas clair qu'ils étaient sur le chemin où le vertige est au bord du précipice ?

D'abord une idée fausse ; elle tombe sur des esprits passionnés, troublés, incertains. Elle y devient promptement idée fixe, égarement ; par une progression foudroyante, l'égarement se prend pour la raison.

Pour vaincre une insurrection, il faut la comprendre. Et l'insurrection de la Commune n'a été possible que parce qu'une grande masse de la population est restée inerte.

La cause de cette apathie, c'est que la population la plus sensée ne savait plus à quoi se rattacher, depuis que le système des questions réservées, ne laissait plus rien d'assuré dans les conquêtes politiques et morales que l'on croyait avoir faites.

Tout était remis en question. La Royauté pouvait sortir d'un nouveau coup de dé, tout aussi bien que la République.

Pourquoi donc se passionner, s'armer pour une cause qui n'était plus qu'une ombre, un doute, un point d'interrogation ? Là est le motif véritable de l'inertie, de l'indifférence apparente de Paris. Au lieu de chercher ces motifs, il est bien plus aisé de tout envelopper sous l'accusation de *lâcheté !* Pauvre Paris ! quel mot viens-je de prononcer ? Est-ce à cela que devaient aboutir les cinq mois de ton siège, cinq mois d'héroïsme ? Ils répondent pour toi.

Mais peut-on parler le langage de la raison, quand la passion seule est encore toute-puissante ?

VII

AUX ÉLECTEURS

11 juin 1871.

Mes chers concitoyens,

Écoutez une voix qui ne vous a jamais trompés. Depuis quarante ans, je dis, je répète que la République est le seul gouvernement qui vous soit apporté par la force des choses, le seul qui puisse guérir les maux déjà anciens de la France, le seul qui renaisse de lui-même sitôt qu'il est renversé, le seul qui soit dans les nécessités du temps présent.

L'événement a prouvé que les autres ne sont que des spectres et les représailles d'un passé condamné sept fois en moins d'un siècle, avec l'ancien régime, avec Napoléon, Charles X, Louis-Philippe, Louis Bonaparte.

Ce gouvernement républicain, fruit de la nécessité, œuvre de la raison publique, est venu à son heure, comme je l'avais espéré. Ne le renversez pas, ce serait vous renverser vous-mêmes.

Sous le régime du 2 Décembre, on vous disait : Nous voulons la liberté ; selon nous, le vrai moyen de l'établir sérieusement, c'est de bannir, d'exclure, d'annihiler, d'extirper tous les hommes de liberté. Quand il n'en restera plus un seul et que les hommes du despotisme seront maîtres de tout, alors et seulement alors vous jouirez de la vraie et sage liberté, telle que nous voulons vous la donner.

Aujourd'hui il arrive quelque chose de semblable.

On vous dit : Pour établir la République, commencez par exclure de vos votes, de vos conseils et de toutes les fonctions tous les amis de la République. N'en laissez pas subsister un seul dans l'Assemblée nationale. Faites représenter la République, dans son propre intérêt, par ses ennemis déclarés. Donnez à ceux-ci tous les emplois, tous les honneurs, tous les pouvoirs de l'État, préfectures, magistratures, ambassades, commandements. Et que ce qui se passe dans les régions supérieures se passe aussi dans les régions inférieures, jusque dans les plus petits emplois. Quand il ne restera plus un seul partisan de la République dans le gouvernement, dans les emplois, dans la représentation nationale, alors et seulement alors vous aurez la République, la vraie République, telle que nous l'avons toujours rêvée dans le temps où nous ne songions qu'à l'extirper en germe.

Voilà, mes chers concitoyens, ce qui vous est répété par des milliers de bouches, comme si l'on avait juré de vous ôter du même coup la raison et la liberté.

Et l'on ajoute : Nous ne trahirons pas la République, mais nous ne ferons rien contre la monarchie. Comme s'il était possible de servir l'une sans desservir l'autre, d'affermir la première sans ébranler la seconde ! Comme si l'on pouvait à la fois représenter le *oui* et le *non,* le pour et le contre, et agir sur le présent sans agir sur l'avenir.

Ah ! mes chers concitoyens, au nom de ce que vous avez de plus cher, gardez-vous de ces subtilités où tout périt ; elles ne peuvent vous conduire qu'au néant.

Pour moi, je vous le redis avec la confiance d'un homme dont toutes les prévisions ont été confirmées : la République seule peut vous sauver encore, parce qu'elle seule porte en elle l'esprit de notre siècle. Si vous la voulez, ne croyez pas qu'il faille établir le contraire. Ne croyez pas que vous ferez la République avec ceux-là seuls qui ne veulent pas la République.

Ne croyez pas que ces contre-vérités, ces défis hardis au sens commun du genre humain, soient autre chose que l'esprit de ruine dans la politique et dans l'art de gouverner les hommes.

Ne pensez pas que la République, née d'elle-même par la force des choses, puisse être renversée à l'amiable. Elle ne peut être renversée que par une révolution. Voulez-vous une nouvelle révolution ?

Rejetez ces systèmes aveugles, d'après lesquels vous n'auriez pris une forme de gouvernement qu'à *l'essai*, comme s'il s'agissait d'un cheval ou d'un chien de chasse, ou d'une expérience sur les gaz ou sur les acides. Avec des idées si prodigieusement fausses, la France ne serait qu'au commencement de ses ruines.

Au milieu de l'écroulement de toutes choses, il n'y a qu'un seul terrain où nous puissions enfin nous arrêter et nous retrouver. Cet abri est la vérité. Soyons vrais, redevenons vrais avec nous-mêmes.

Nous avons tout perdu, nos armées, les deux provinces boulevards de la France, notre fortune, notre avoir. Ne livrons pas du même coup notre raison, notre intelligence, notre sens commun, notre conscience.

Encore une fois, si vous voulez la République, nommez les amis et non pas les ennemis de la République.

En faisant le contraire, en donnant à la République pour tête une monarchie, nous serions la dérision de nos propres adversaires.

Après tant de calamités, évitons la dernière de toutes :

Ne devenons pas la risée du monde.

VIII

AUX ÉLECTEURS

13 juin 1871.

Chers concitoyens,

Le moment est venu où chaque Français doit affirmer ce qu'il veut, ce qu'il pense, ce qu'il croit. S'abstenir, dans les circonstances où nous sommes, c'est renoncer à la vie politique.

De quoi s'agit-il? De nous refaire une France, de la régénérer. Or la régénération commencera par vous, par le vote que vous allez déposer dans l'urne. Voilà le principe de notre renaissance. Cette renaissance, elle est encore une fois dans vos mains.

La monarchie a relevé son drapeau. C'est l'occasion pour nous de relever le nôtre.

Ne vous laissez pas endormir jusqu'au jour où vous vous réveillerez brusquement dans la monarchie.

La monarchie ne peut que vous ramener au césarisme, et le césarisme à la décadence suprême, irrémédiable.

Pour y échapper, vous n'avez qu'une issue. Vous n'êtes séparés de l'abîme que par la République. Attachez-vous donc à ce dernier abri. Il n'y a au delà que la chute après la chute, dans le vide sans fond.

Vous êtes dans une de ces heures où un peuple a à choisir entre la vie et la mort. Toute illusion sur ce point vous perdrait sans espoir.

La mort, c'est le retour à un passé que tout a condamné chez nous, quelque nom qu'il ait pris : ancien régime, Napoléon, Charles X, Louis-Philippe, Louis Bonaparte. Ces régimes divers ne vous rappellent que des chutes et des ruines.

Assez de ruines! Reposons-nous enfin dans ce qui vit, dans ce qui est, dans l'esprit moderne : l'esprit moderne s'appelle Liberté! République!

Ne luttons pas contre la force des choses qui entraîne les choses mortes : dynasties, monarchies. Elles nous entraîneraient dans leurs tombeaux.

Faisons alliance avec les choses vivantes ; elles guériront nos plaies, elles nous rendront l'espoir, elles nous communiqueront leur force. Elles rendront à notre France sa jeunesse immortelle.

IX

LES DÉLITS DE PRESSE

Versailles, juillet 1871.

J'apporte à cette tribune non pas un discours, mais une protestation contre la loi proposée.

J'ai vu les hommes les plus considérables de notre temps, depuis Châteaubriand, Béranger, jusqu'à Carrel, Lamennais, traînés pour une phrase échappée de leur plume sur la sellette des voleurs et des assassins. Ce jour-là, je me suis promis de dénoncer à mon pays, quand je le pourrais, tout ce qu'il y a d'impie dans cette promiscuité.

Ce jour-là est arrivé, et, en même temps, je sens l'impuissance des paroles, quand il s'agit de résolutions arrêtées.

Votre commission elle-même aurait désiré que la plupart des « Délits de Presse » eût disparu de nos Codes. Mais ce n'est là qu'un vœu stérile, comme tant d'autres. Au lieu de ce souhait, la commission accepte la loi qui en est précisément l'opposé.

Ainsi, encore une fois, d'un côté les vœux, de l'autre la réalité ; et celle-ci est le contraire de ceux-là. Un préambule libéral, et un texte de loi illibéral.

Tant que nous marcherons dans cette voie, il est clair que nous n'atteindrons jamais que l'apparence.

La liberté sera pour nous une terre promise dont nous ne connaîtrons que le mirage.

Ainsi, nous voilà retombés dans cette législation, en vertu de laquelle l'écrivain français est enveloppé de piéges à chaque pas. Il redevient l'éternel suspect qu'il s'agit, à force d'artifice, de prendre en flagrant délit. Tous ces prétendus crimes, que l'on ne peut même définir, renaissent par l'habileté du législateur. Il crée des délits pour avoir le plaisir de les punir. Ne lui demandez pas de les caractériser. Cela lui est impossible. Car, le vrai nom de ces crimes, il n'ose le leur donner. Je serai plus hardi ; je dirai le vrai nom de ces délits imaginaires que l'on ne sait comment qualifier. C'est le crime de penser.

Il est aussi ancien que le monde ; et, Dieu merci, il durera autant que lui !

Au reste, tout a été dit en France, pour et contre les délits de Presse. Je ne me sens pas la force de recommencer ces redites.

Je me contenterai d'une réflexion qui naît naturellement des temps où nous sommes.

Notre pays est sous les pieds d'un ennemi acharné, implacable, qui prétend nous détruire. Il répète qu'en nous ruinant, il veut encore nous ôter l'intelligence.

N'allons pas nous-mêmes à son aide dans cette entreprise.

Si une nouvelle loi de compression intellectuelle réussissait enfin à éteindre cette vie qui renaît d'elle-même ; si, à force d'artifices, d'inventions légales, nous parvenions à étouffer le souffle de l'esprit français dont nous devons attendre notre régénération, ayant tout perdu, corps et biens, que nous resterait-il ? Dites-le moi. Il vaut la peine d'y songer (1).

---

(1) Pa es osthumes.

X

LA LOI DÉPARTEMENTALE (1)

Versailles, 31 juillet 1871.

Dans la mêlée de la discussion sur la loi départementale, les partis ont plus d'une fois changé leurs principes. J'ai écouté, avec le seul désir de trouver la vérité, l'exposition des systèmes qui se sont combattus devant nous. Je vais chercher en quoi l'expérience de notre passé peut nous orienter aujourd'hui.

Dans l'ancien régime, l'intendant provincial était l'artisan de l'absolutisme ; il faisait rayonner partout la servitude. C'est par lui que s'est accompli le vide dans les provinces.

La révolution arrive. Quel est son premier acte? Renverser l'intendant, personnification de l'ancien despotisme ; lui substituer des assemblées provinciales, départementales. Par elles, la vie se répand dans les villes, les hameaux ; l'esprit pu-

---

(1) Cette loi se présentait, à l'origine, avec une double face. En l'appliquant, la France en a fait une loi républicaine. L'esprit public a corrigé l'institution.

blic se développe. Sous le règne de la Constituante, de la Législative, de la Convention, du Directoire, l'administration des départements est dans la main d'assemblées électives départementales. Voilà le trait distinctif, la tradition de la révolution française, aussi longtemps qu'elle échappe au pouvoir d'un seul.

Le 18 brumaire apparaît, puis le consulat, puis l'empire, c'est-à-dire la restauration de l'absolutisme. Quelle est sa première œuvre ? La restauration de l'intendant de Louis XIV, sous le nom du préfet de Napoléon. Le génie césarien de Napoléon se montre tout entier dans cette création du préfet de l'empire. Il l'a marquée de son sceau ; l'art d'asservir les hommes ne peut être porté plus loin. Avec cette institution napoléonienne, le silence, l'écrasement de toute volonté recommencent dans les départements, au lendemain de la révolution, comme dans les provinces de l'ancien régime. Cette main de fer, étendue sur chaque point du territoire, façonne tout sous un joug égal. Si quelque chose m'a frappé dans ma vie, c'est la stupeur, la servilité de nos provinces de France, rejetées brusquement en pleine servitude par le despotisme improvisé du premier consul et de l'empereur. Ce phénomène d'étouffement va partout, grandissant avec l'autorité du préfet ; seul il parle, il agit, il vit à la place de quatre cent mille ombres. Napoléon est tombé. La main de fer est restée, elle pèse encore sur les provinces.

Que conclure de là ? Que pour faire cesser l'étouffement, il faut retirer la main, diminuer l'autorité centrale, qui empêche la vie publique dans chacun des départements de France ;

Que pour échapper à la puissance de l'ancien régime, prolongé sous l'empire, il faut se soustraire à la domination administrative du préfet, en qui revit l'intendant ;

Que pour ressaisir la tradition vivante de 89, de la constituante et de la révolution française, il faut ramener l'administration départementale sous le contrôle électif des administrés. Là est le fil pour sortir du labyrinthe.

Oui, sans doute, rien de plus vrai. L'évidence est faite sur ce point, et si la loi qui nous est proposée s'inspirait de ce même esprit de décentralisation dans toutes ses parties, notre tâche serait aisée. Nous accepterions volontiers de répandre la vie publique sur toute la surface de la France.

Mais voyez la difficulté. A peine entrée dans cette voie, la loi départementale nous offre un esprit tout différent, comme si elle était faite pour se détruire elle-même. Nous nous attendions à voir le plus grand nombre possible de citoyens français appelés à la gestion de leurs affaires. Au lieu de cela, tout aboutit à une commission départementale de sept membres ; et, avec une rare habileté, on fait de cette commission administrative une sorte de conseil des Dix du département.

Car les conseils généraux sont choisis pour neuf ans, ce qui répugne à toute notion de démocratie, la condition la plus élémentaire de ce genre de gouvernement étant d'abréger le temps des magistratures électives.

S'il s'agit, comme on le dit, de former des hommes, il est trop évident qu'en maintenant au pouvoir les mêmes hommes pendant neuf ans, on empêche l'activité de ceux qui pourraient leur succéder. On rentre ainsi dans la centralisation par la loi même qui devait nous en faire sortir.

D'ailleurs les conseillers, après neuf ans, seront-ils encore l'expression exacte de la masse des électeurs ?

Il faudrait pour cela que l'esprit public fût immobile. La plus simple observation nous dit qu'au sortir d'une longue servitude, il faut retremper les élus dans l'opinion publique par des élections nouvelles ; sinon, l'inertie d'où nous essayons de sortir tiendra à se perpétuer sous le nom d'esprit de corps.

Autre disposition qui achève de dénaturer le caractère de la loi : les fonctions dans la commission départementale seront gratuites, c'est-à-dire qu'elles ne seront accessibles qu'aux riches.

Par là sont exclus de la gestion des affaires publiques tous les hommes de la classe moyenne, tous ceux qui, par le travail de chaque jour, sont le plus intéressés à porter un regard attentif sur chaque détail de l'administration et à maintenir les dépenses dans le cercle de la nécessité.

Enfin le conseil général ainsi formé est destiné à tenir les communes en tutelle. Si la vie publique doit renaître en France, c'est assurément par les communes, et ce sont elles que le projet de loi asservit. Il est donc vrai qu'il tarit la vie publique en sa source; il fait pénétrer à la base de la société française l'esprit qu'elle repousse le plus, je veux dire l'esprit d'oligarchie et d'inégalité.

Nous voulons, nous appelons la régénération de la France. Mais voyez quelle doit être la perplexité d'un homme impartial en face de cette loi. Elle porte en elle deux esprits absolument différents, qui se combattent à outrance. Elle prétend décentraliser, et, pour ma part, je serai prêt à la suivre dans ce chemin; mais, d'un autre côté, elle défait ce qu'elle vient de faire. Elle annonce un progrès au profit du grand nombre, elle conclut au profit de quelques-uns.

Qu'est-ce donc que la décentralisation, si ce n'est l'expansion de la vie publique, la participation du plus grand nombre possible à l'œuvre commune, à la gestion des intérêts de tous?

Or, la décentralisation, telle qu'on nous l'offre, aboutit à une étroite oligarchie, à une plutocratie rurale, c'est-à-dire à une décentralisation nouvelle, pire peut-être que celle à laquelle nous voulons échapper.

Est-ce donc qu'en France nous ne pourrons jamais que poser de grands principes et les détruire dès qu'il s'agit de les appliquer?

La décentralisation, comme la liberté, ne doit-elle être pour nous qu'une amorce pour nous attirer dans le filet d'une pire centralisation et d'une pire servitude?

J'ai montré les deux esprits opposés qui s'entre-détruisent dans la loi: le premier est notre cause même, le second est notre ennemi implacable. Que pouvons-nous, que devons-nous faire? Grande question, où les meilleurs esprits peuvent être partagés. Accepterons-nous ces deux principes opposés en acceptant la loi? Mais c'est nous résigner à une lutte pleine d'embûches et dont personne ne prévoit l'issue. Les repousserons-nous tous deux en repoussant la loi? Mais c'est rejeter notre principe, parce que l'habileté de nos adversaires l'a lié au principe ennemi.

Pour décider la question, il faut s'élever plus haut. Or, de tout ce que j'ai dit, résulte pour moi une vérité évidente. Cette vérité, la voici: la loi, telle qu'elle est proposée, est faite pour la monarchie; elle s'adapte naturellement à la monarchie, elle est conçue dans l'esprit de la monarchie, elle répugne profondément à la République.

Tout est préparé, dans cette loi civile, pour servir au gouvernement monarchique : exclusion du grand nombre, pouvoir concentré dans quelques-uns, magistratures électives à longs termes. Ce sont bien là les conditions ordinaires, nécessaires de la royauté; il n'y a plus qu'à poser sur cette base civile l'édifice politique d'une dynastie.

Mais ces conditions excluent la République; sur cette loi civile ainsi formée d'éléments monarchiques, vous ne pouvez fonder un établissement républicain.

C'est là aussi ce qui, après une longue délibération, me détermine à repousser la loi, telle qu'elle nous est présentée. Pour que nous puissions l'accepter, il faudrait que l'on en retranchât les dispositions, qui sont comme une pierre d'attente à un établissement monarchique, et un obstacle formel à un établissement démocratique et républicain, dans lequel la France d'aujourd'hui voit son salut et sa régénération.

XI

L'ESPRIT DE COTERIE

Discours à l'Union républicaine.

8 août 1871.

Savez-vous quel esprit a poussé de loin à la ruine de la France? C'est l'esprit de coterie. Ce mauvais nain a été l'âme de tous les gouvernements précédents.

Sous la royauté orléaniste, on traçait à l'encre un petit cercle qui s'appelait le pays légal. Ce qui y était renfermé comptait seul pour quelque chose. Le reste, c'est-à-dire la France entière, était le désordre, la faction, un ramassis d'hommes dangereux, et pour tout résumer d'un mot, le parti républicain. Coterie doctrinaire.

Ssus le second empire, que, Dieu merci, je n'ai jamais reconnu, un autre cercle est tracé, couleur de sang. Les *Bons*, c'étaient les hommes de Décembre; les proscripteurs étaient les sages, les hommes sensés, les soutiens de l'ordre.

Ceux qui ne consentaient pas à entrer dans cette

camaraderie du meurtre, c'étaient les méchants, les ennemis de la société, les fléaux de la France. Malheur à eux ! Coterie du coup d'État !

Ne faisons pas, à notre tour, de la République une coterie. C'est là un de nos dangers. Il n'y a rien de si persistant que ces esprits-nains qui se blottissent dans toute ruine; les gouvernements se les transmettent en se renversant.

La coterie sied bien à la Royauté et à l'Empire; elle tend volontiers ses toiles d'araignée dans le coin d'un palais. Mais une République qui ne serait qu'une coterie, je ne puis la concevoir.

Ne traçons donc pas à notre tour ce cercle fatal où se sont emprisonnés, pour y étouffer, les régimes qui nous ont précédés, tous semblables en ce point que l'intolérance, l'exclusion, l'interdit, en étaient l'âme et le principe.

Nous devons, je pense, obéir à un esprit tout opposé ; esprit de tolérance et de largeur.

Ne répétons jamais ces mots funestes : Il y a un abîme entre nous ! car si nous voyons partout des abîmes ouverts qui nous séparent les uns des autres, où asseoirons-nous la France ?

L'avenir sera fait de concorde, non pas de haines et d'excommunications. Les discussions n'y seront pas des anathèmes, on n'y jettera l'interdit sur personne.

Je voudrais que notre porte restât ouverte à cet avenir. On lirait sur le seuil : Ici peuvent entrer tous ceux qui veulent la République et croient à la justice.

XII

PROPOSITION DE DISSOLUTION DE L'ASSEMBLÉE
(*Au nom de l'Union républicaine.*)

ASSEMBLÉE NATIONALE
Séance du 30 août 1871.

M. LE PRÉSIDENT. — Personne ne réclame le vote ?... Le scrutin est clos. Il va être procédé au dépouillement.

M. EDGAR QUINET. — Je demande la parole pour le dépôt d'une proposition. (*Interruption et bruit.*)

Voix diverses : — Non ! non ! — Après le scrutin.

M. EDGAR QUINET. — Soit, j'attendrai que le scrutin ait été proclamé.

M. LE PRÉSIDENT. — M. Quinet a demandé la parole pour présenter à l'Assemblée une proposition en faveur de laquelle il désire réclamer la proposition d'urgence.

(*Exclamations et rumeurs à droite et au centre.*)

M. TOUPET DES VIGNES. — Mais on n'interrompt pas une discussion, surtout une discussion de cette importance, par le dépôt d'une proposition.

M. EDGAR QUINET. — J'ai l'honneur de déposer sur le bureau de l'Assemblée, au nom de plusieurs de mes collègues et au mien, une proposition de loi tendant à la dissolution de l'Assemblée actuelle et à la convocation d'une Assemblée nouvelle.

Je prie l'Assemblée de me permettre, pour justifier la déclaration d'urgence que je sollicite auprès d'elle, de lui donner lecture des considérants qui précèdent cette proposition... (*Bruit.*)

« Considérant que le seul souverain est la nation et que l'Assemblée nationale n'est que dépositaire de la souveraineté dans la limite de son mandat... »

Sur plusieurs bancs. — On n'entend pas !

M. EDGAR QUINET. — Si vous voulez m'écouter, vous m'entendrez.

« Considérant qu'il est d'autant plus nécessaire d'affirmer ces principes qu'ils semblent niés par le rapport lu et déposé dans la séance du 28 août, au nom de la commission chargée d'examiner les propositions Rivet, Anet et Belcastel ;

« Considérant que les pouvoirs de l'Assemblée se trouvent nettement déterminés par le caractère même de son origine ; que l'Assemblée n'a été convoquée et nommée que pour se prononcer sur la question de savoir si la guerre devait être continuée ou à quelles conditions la paix devait être faite ;

« Considérant que les élections du 2 juillet ont affirmé avec une force nouvelle la volonté du pays de retenir l'exercice de son pouvoir souverain ;

« Considérant, dès lors, que le mandat de l'Assemblée sera pleinement accompli aussitôt que les lois de finances se rattachant au traité de paix auront été votées ;

« Considérant que le pays a besoin de calme... » (*Exclamations diverses.*) « pour réparer ses désastres, reconquérir sa prospérité et remplir, dans le plus bref délai possible, les lourdes obligations que lui impose le traité de paix ;

« Considérant que l'occupation par la Prusse d'une partie de notre territoire ajoute aux motifs qui font de la stabilité une nécessité impérieuse ;

« Considérant que la multiplicité des projets présentés pour organiser le provisoire démontre la nécessité de pourvoir, sans retard, à une organisation définitive de la République, seul moyen de mettre un terme aux prétentions rivales des partis, de rassurer les intérêts et de hâter la reprise des affaires ;

« Les soussignés, membres de l'Assemblée nationale, proposent les résolutions suivantes :

« Art. 1er. — Une Assemblée nouvelle sera élue le troisième dimanche de janvier 1872 et réunie le 25 du même mois.

« Art. 2. — En conséquence, l'Assemblée nationale sera dissoute le jour fixé pour la réunion de l'Assemblée nouvelle.

« Art. 3. — M. Thiers, président de la République française, pourvoira à l'administration générale du pays, jusqu'à la réunion de l'Assemblée nouvelle, à laquelle il remettra ses pouvoirs.

« Art. 4. — Les élections se feront conformément aux dispositions de la loi du 15 mars 1849, modifiées par les articles 7 et 8 du décret du 29 janvier 1871.

« Art. 5. — Chaque département élira le nombre de députés déterminé par le tableau annexé au décret du 15 septembre 1870. » (*Très bien ! très bien ! à gauche.*)

Signé : Edgar Quinet, L. Gambetta, Louis Blanc, Charles Boysset, Corbon, Clément Laurier, Daumas, Dréo, Brousses, Dupuy, Boucault, Escarguel, Millaud, Loustalot, Ferrouillat, Ganault, Naquet, Greppo, Tardieu, Tiersot, Joigneaux, Lherminier, Ordinaire, Testelin, Rouvier, Farcy, Peyrat, Lepère, Brisson, Rathier, Laurent Pichat, Edmond Adam, Henri Lefèvre, Taberlet, Tolain, Gent, Henri de Lacretelle, J. Cazot, Allemand, Schœlcher, Scheurer-Kestner, Brelay, Martin Bernard, Langlois, Colas, Castelnau, Arrazat, Chavassieu, Sansas, Godin, Vuillermoz, Dufay, Rollin, Bloncourt, Tirard.

Plusieurs membres. — La question préalable ! la question préalable !

A gauche. — Comment ! la question préalable ?

M. Baragnon. — La question préalable peut toujours être proposée.

M. le Président. — Dans une discussion, mais pas pour l'usage d'un droit.

M. le marquis de Dampierre. — Je demande la parole sur la position de la question.

M. le Président. — Il n'y a pas de position de question. Veuillez, messieurs, maintenir pour tout le monde le droit qui appartient à chacun de vous. (*Très bien !*) Si nous supprimions le débat parce que, de part et d'autre, nous n'approuvons pas l'usage qu'on en fait, il ne resterait plus rien du droit de discussion. (*C'est vrai ! très bien !*)

D'ailleurs, il n'y a rien d'extraordinaire dans la proposition qui vous est soumise.

Plusieurs voix. — C'est vrai !

M. le Président. — M. Edgar Quinet demande la déclaration d'urgence de la proposition de loi qu'il vient de déposer.

Je consulte l'Assemblée.

(L'Assemblée, consultée, ne prononce pas la déclaration d'urgence.)

M. Lepère. — Le pays est avec nous ! (*Exclamations à droite et au centre.*)

M. le Président. — La proposition de loi de M. Edgar Quinet est renvoyée à la commission d'initiative parlementaire.

XIII

EXPOSÉ DES MOTIFS DE LA DISSOLUTION DE
L'ASSEMBLÉE DEVANT LA COMMISSION D'INITIATIVE

La proposition de dissolution n'a en soi rien d'extraordinaire. Rappeler à l'Assemblée qu'elle n'est pas immortelle, lui dire cela n'est pas dire une chose insolite.

Les considérants de la proposition s'expliquent eux-mêmes. J'y ajouterai deux motifs dont la gravité ne saurait vous échapper.

1° Il faut sortir du provisoire. Pourquoi ? Parce que le provisoire est le doute absolu pour une nation.

Or, un individu peut bien jouer avec lui-même, s'amuser à douter de tout ce qui l'entoure ; mais cela est mortel pour un peuple. Ne pas savoir à quel régime il appartient, ce qu'il est aujourd'hui, ce qu'il sera demain, c'est le plus grand trouble porté à la vie nationale. Il faut sortir de cet état. Point de repos possible pour une société ballottée entre la République et la Monarchie.

2° Autre considération : sortons du provisoire,

si l'on veut faire de bonnes lois. Une chose est établie, c'est que chaque régime porte avec lui un certain esprit dans sa législation. Comment faire des lois, si l'on ne sait pas d'abord à quel principe de gouvernement elles se rattachent? Seront-ce des lois républicaines ou des lois monarchiques? Comment organiser l'armée, l'instruction publique, les finances, l'impôt, la magistrature, sans établir à quel système ces branches diverses de l'État se rapportent?

Si les solutions sont si laborieuses, c'est qu'elles ne sont pas éclairées par le principe dirigeant, qui doit former comme l'âme de la législation. Nous bâtissons sur des sables mouvants. Pour trouver le terrain solide, faites un nouvel appel à la volonté nationale.

XIV

PROPOSITION D'UNE ADRESSE COLLECTIVE A LA FRANCE

Union républicaine (Décembre 1871).

« Notre réunion a posé les premiers jalons de la politique que nous avons à suivre. Nous nous sommes entendus sans avoir eu besoin de discuter, c'est là un grand point. Cet accord si facile, si naturel, a fait naître en moi l'idée que je vais vous soumettre :

« La France, telle que je l'ai vue, attend une parole, tempérée, je le veux bien, mais résolue. Qui la prononcera, cette parole, si ce n'est vous ? Jamais, je crois, il ne fut plus nécessaire de vous mettre en communication intime avec la nation. Une déclaration, de votre part, porterait la lumière où tant d'esprits travaillent à faire les ténèbres.

« Que dirions-nous dans ce manifeste ? Ce que nous avons vu, reconnu, constaté partout, à savoir : que la France ne demande qu'à travailler en entrant dans la République.

« Tel est le vœu général. J'en atteste ceux d'entre nous qui ont examiné de près, interrogé leur ville ou leur département.

« Qu'ai-je entendu dans toutes les bouches, chez les paysans, les ouvriers, les bourgeois et même les conservateurs : « La République seule peut « nous sauver; hors la République, il n'y a que « confusion et ruine. Sortons du provisoire, de « l'ambiguïté, de l'équivoque. Posez enfin la pierre « de fondation. »

« Ce cri, qui part des entrailles de la France, c'est à vous de le répéter. Puisque personne ne parle avec autorité le langage de la République, rompez le silence, faites entendre la voix de la France républicaine!

« J'entends quelquefois parler de la nécessité d'une régénération ; mais quel peuple au monde s'est régénéré, s'il n'est parti d'une affirmation? On ne régénère pas un peuple avec l'équivoque, on le perd.

« Le principe de ce que nous aurions à dire serait une affirmation, qui jamais ne fut plus nécessaire qu'aujourd'hui ; l'affirmation de la République, seule légalité qui nous sépare du gouffre.

« A ce principe, se rattacheraient les propositions que nous avons la volonté de soutenir.

« En face de la coalition des partis monarchiques, nous avertirions le pays de ce qu'il y a à craindre ou à espérer.

Si ce manifeste devait être pour nous l'occasion de longues discussions sur le fond des choses, je n'insisterais pas. Mais nous nous entendons sur le fond comme sur les détails. Il s'agit de dire, de proclamer avec autorité ce que nous avons entendu de la bouche des populations. Répétons le mot de la France. C'est un fait ; il vaudra mieux que toutes les théories.

XV

AUX ÉLECTEURS

20 décembre 1871.

Mes chers concitoyens,

Dans les circonstances de plus en plus graves qui pèsent sur nous, je vous dois de vous dire ma pensée telle que la confirment pour moi l'expérience et l'observation de chaque jour. Pour des hommes politiques, il n'est rien de pis que d'être dupe. Ouvrons les yeux, voyons notre situation. Il est encore temps de profiter des avertissements que nous donnent les hommes et les choses.

Que signifiait l'essai loyal de la République? Nous le savons maintenant. Cela veut dire que l'on ne prétend pas emporter la place d'assaut, mais s'y introduire légalement, sans coup férir, par le premier souterrain que l'on trouvera ouvert. Par exemple, si l'occasion se présente de nommer un président de la République, on remuera loyalement ciel et terre pour choisir un prince, un chef de dynastie, c'est-à-dire un homme qui rende, par le fait, la République impossible.

Après lui viendront la cour, la famille royale, l'ancienne domesticité royale. La vie publique ne sera plus que contradiction, mensonge, et l'on vous dira d'une voix de sirène :

« Vous le voyez, mes chers concitoyens, l'essai
« loyal a été fait ; malheureusement il n'a pas
« réussi, et cela, par la faute des républicains qui
« se sont obstinés à vouloir la République. Reve-
« nons donc franchement, loyalement à la monar-
« chie, puisque déjà nous avons le monarque, les
« courtisans, les solliciteurs, le cortège immense
« des fonctionnaires. Il ne nous manque que le
« nom : Vive le roi ! »

L'étonnant est que les hommes d'ordre, amoureux de jouissances, croient trouver la paix dans ces embûches. Quelle paix entendent-ils donc ? Je vous le demande. Supposons la monarchie rétablie. Elle devra aussitôt étouffer la France républicaine. Or celle-ci s'est montrée si nombreuse, si puissante, que pour l'écraser il faudra de nouveau s'armer de la massue. Et ce ne sera pas seulement la République qu'il faudra extirper, ce sera la liberté.

Toute royauté, quelque nom qu'elle prenne,

reviendra ainsi nécessairement au césarisme. L'idée d'anéantir, d'extirper honnêtement et modérément la démocratie est une idée folle. La première chose à laquelle la royauté devra renoncer pour toujours est la modération, puisqu'il s'agira d'extirper la masse du peuple.

Voilà donc l'ancienne guerre intestine rallumée, telle que nous l'avons vue. Dès le premier jour, le combat recommence. D'une part, la démocratie, trompée, abusée, toujours croissante après chaque défaite, indignée, impatiente de se venger ; de l'autre, une monarchie artificielle, frauduleuse, née d'un faux jeu de hasard, toujours plus faible à mesure qu'elle reparaît, obligée par sa faiblesse même à vivre de terreur et d'oppression. Croit-on qu'entre ces deux puissances, la lutte serait longue? La monarchie menteuse glisserait bientôt de nouveau dans le sang.

Oui, dira-t-on ; mais la démocratie se sera épuisée par son effort.

Quoi ! est-ce là ce qui vous tente ? Une succession indéfinie de révoltes comme en Chine, la démocratie et la monarchie se détruisant l'une l'autre, jusqu'à ce que la nation elle-même succombe sous les révolutions et les restaurations renaissantes l'une de l'autre ?

Est-ce donc là la paix que vous cherchez ? C'est l'anéantissement de la France. Une Pologne d'Occident aux pieds de l'Allemagne ! Mais non, j'efface ces mots que la douleur m'a arrachés ; ils ne seront jamais, grâce à Dieu, qu'un cri d'alarme.

Que de maux cependant ceux qui complotent la ruine de la République appellent sur eux et sur nous ! Et cela pour rejeter ce qui est la force des choses, l'esprit de notre temps, la nécessité de notre époque, le salut de notre nation, ce qu'ils devraient appeler, eux qui se disent religieux, la volonté d'en haut.

Ainsi le vrai danger de la France est l'avénement d'un prince au gouvernement ou à la présidence de la République. Honnête, si cela est possible dans une situation si fausse, il ne serait que plus dangereux. Les meilleures qualités du monde n'empêcheraient pas le prince de traîner après lui sa principauté et la monarchie, c'est-à-dire les déchirements et la guerre civile dans un État républicain. On a vu des princes à la tête d'une république. Cela a toujours fini par le retour à la monarchie.

Après tant d'horreurs, épargnez-nous au moins cette honte : une France-République à tête de Monarchie.

De grâce, ne finissons pas en queue de chimère.

La France domine encore ses vainqueurs, parce

qu'elle s'est élevée au-dessus d'eux, dans l'échelle politique, à une institution supérieure. Si elle en était précipitée ou si elle se jugeait indigne de rester libre, elle aurait le sentiment d'une chute après une chute. Ce ne serait pas la lassitude qui s'en suivrait, mais le dégoût d'elle-même. Or, que reste-t-il à faire dans le monde à une nation qui se méprise ?

Il y a vingt ans, je vous disais : Le 2 Décembre approche, il rampe ; il va se dérouler et vous étouffer. Peu de gens ont voulu me croire. Le serpent s'est éveillé. Il est venu. Vous savez ce qu'il a fait de la France et de vous.

Aujourd'hui je vous dis : La monarchie est là, servie par ceux qui devraient la combattre ; elle frappe à la porte, et toute monarchie ne peut plus être chez nous que despotisme et servitude. Si vous y retombez, vous descendrez au dernier rang de l'espèce humaine, bien au-dessous de l'Espagne et de l'Italie ; car celles-ci ont expulsé leurs envahisseurs, et vous êtes encore à la merci des vôtres.

Après avoir perdu l'indépendance devant l'étranger, perdre encore la liberté et la dignité au dedans ! Que nous resterait-il donc ? Ce que l'on a appelé, par tout pays et dans toutes les langues, la mort d'une race humaine.

Voilà, mes chers concitoyens, les pensées que

me suggère la situation. Je devais vous les communiquer. Puissent-elles ne pas rester inutiles, comme autrefois mes avertissements avant le 2 Décembre !

XVI

AUX ÉLECTEURS

31 janvier 1872.

Mes chers concitoyens,

Dans ma précédente lettre, j'ai montré quelles seraient les suites du renversement de la République, en ce qui touche les libertés intérieures : servitude et dépérissement au dedans. Voyons aujourd'hui quelles seraient les conséquences pour le territoire même de la France. Je dis que les premiers résultats seraient un nouveau démembrement de notre pays.

Si quelque chose atteste une légèreté cruelle chez certains hommes, c'est d'imaginer qu'ils pourraient renverser la République, c'est-à-dire la constitution en fait de la France actuelle, sans que l'on ressentît aucun ébranlement dans les choses et dans les esprits. Se figurer que la France peut passer, en une nuit, de la République à la Monarchie, pendant le sommeil de la nation, et qu'un pareil changement n'en produira aucun dans la constitution matérielle de la France, c'est une frivolité qui rappelle celle des derniers hommes d'État de l'ancien régime.

Non, vous n'abattrez pas cet arbre sans que le sol ne tremble sous vos pieds.

Après nos désastres, une chose maintient la France dans l'estime du monde. Elle a arboré le droit nouveau vers lequel les peuples aspirent. La pensée de ce droit nouveau, inauguré par vous, voilà ce qui garde encore vos frontières, en l'absence de vos armées. Voilà ce qui marque encore la place de la France dans la géographie politique de l'Europe.

Pour qu'une nation conserve sa place au soleil, que faut-il ? Il est nécessaire qu'elle représente quelque chose aux yeux des hommes. Si le vide se fait chez elle, les autres en profitent pour lui prendre ses frontières et l'acculer jusqu'à ce qu'elle disparaisse.

On n'existe sur la terre qu'à la condition de personnifier un droit vivant. Ce droit pour vous, c'est la République. Otez-la, renversez-la ; vous faites de votre pays une table rase, un lieu vague sur lequel chacun peut prétendre un droit de premier occupant.

Où sont les places fortes qui marquaient et couvraient vos frontières ? Entre les mains de l'ennemi. Conservez donc au moins le drapeau qui dit encore au monde : Ici est la France.

Si vous le laissiez déchirer, c'est la France même que vous jetteriez au vent.

Mais, disent-ils, nous allons installer une monarchie de hasard, sans savoir laquelle. Nulle difficulté. Nous reviendrons à un passé quelconque. Nous remettrons sur pied ce qui a cessé de vivre. Nous referons une espèce d'ancien régime ; et les hommes de nos jours prendront bientôt goût à ce sépulcre blanchi. Cela suffira pour dépayser les générations actuelles.

A ces habiletés, je réponds : La France a déjà essayé plusieurs fois de pareils jeux avec la mort ; toujours elle les a payés d'une partie de son territoire. Voyez et comptez.

Le renversement de la République au 18 Brumaire a eu pour dernier dénoûment deux invasions. Le retour au Droit divin et à la Religion d'État, en 1814 et 1815, a coûté à la France ses deux frontières du Rhin et des Alpes. Depuis ce jour, elle est demeurée ouverte à l'est. La République est tombée au 2 décembre ; et le Deux-Décembre a eu pour couronnement la perte des deux provinces de l'Alsace et de la Lorraine. Tant il est vrai que toutes les fois que la France est sortie du Droit moderne pour reculer dans le Droit ancien, une partie de son territoire lui a été retirée. Diminuée d'esprit, elle a été aussi diminuée géographiquement.

Tenez donc pour certain que si la France perdait ou laissait perdre la République, on verrait encore se rétrécir ses frontières.

Ne croyez pas que l'ambition de la Prusse soit rassasiée pour avoir dévoré l'Alsace et la Lorraine. Oh ! que vous la connaîtriez mal ! Ses prétentions ne font que croître à mesure qu'elles sont satisfaites.

Les Barbares, quand ils eurent goûté les figues du Midi, n'eurent plus de repos qu'ils n'eussent conquis les terres où croît le figuier. Prenez garde à ces autres Barbares qui ont goûté vos vins de Champagne et de côtes de la Saône.

Ils n'attendent que l'occasion de s'emparer des terres où croît la vigne de France.

Je demandais, en 1841, à des politiques allemands, quels étaient leurs projets. Revenir, me disaient-ils, au traité de Verdun, d'après lequel la race allemande étendait son empire jusqu'à la Saône.

Ce projet semblait alors insensé ; il s'est réalisé aux trois quarts. Pour qu'il s'achève, il ne reste qu'à ôter à la France la barrière morale qui la défend encore. Cette barrière, je le répète, est la République, puisqu'elle a ces deux vertus qui n'appartiennent qu'à elle : premièrement d'exister, secondement de pouvoir, seule, réunir tous les Français en un même corps, malgré leurs différences d'esprit.

Un admirable élan vous pousse à payer promptement la rançon des six départements que l'ennemi retient pour gage. Mais que devient la rançon, si le droit national périt avec la République ? C'est un peuple vivant que vous voulez racheter, et non pas un cadavre de peuple dépossédé par une dynastie.

Supposez que la constitution de la France sous la République actuelle vienne à disparaître violemment ou subrepticement, par la conspiration des factions monarchiques, par l'aveuglement du gouvernement et par l'incurie de la nation, il se ferait un grand vide, comme après tout écroulement. La digue qui vous sépare de l'Allemagne se trouverait emportée. La race allemande pénétrerait et déborderait dans ce vide. Et par quel côté ? Évidemment par celui qui touche aux territoires nouvellement arrachés de la France.

Si le Deux-Décembre 1851 vous a coûté l'Alsace et la Lorraine, un nouveau Deux-Décembre orléaniste, légitimiste ou bonapartiste, vous coûterait la Champagne et la Franche-Comté. La rive gauche de la Saône redeviendrait entre les mains des Allemands *terre d'Empire*.

Et qui vous défendrait contre de pareilles horreurs ? Sont-ce, dites-moi, ces ombres de monarchies qui s'agitent autour de vous dans la nuit ? Trop heureuses d'être prises au sérieux, tout lambeau de France leur serait bon, pourvu qu'il leur restât un coin, une Ile-de-France, une borne pour s'asseoir sur un simulacre de trône.

Ne voyez-vous pas qu'une dynastie qui, à grands renforts de fraudes et d'embûches, aurait poignardé la République, serait obligée de se tenir jour et nuit sur ses gardes contre les représailles de la justice et de la conscience nationale ? Ne sentez-vous pas qu'elle devrait tout concentrer sur son propre salut ? Les forces destinées à défendre la France ne serviraient plus qu'à défendre une monarchie usurpée et criminelle. Nos armées, n'ayant plus d'autre occupation que de la protéger au dedans, l'occasion serait belle pour nos ennemis de déplacer à leur gré les bornes de notre territoire.

Que pourrait faire une royauté obligée de porter jour et nuit les mains à sa couronne, pour s'assurer qu'elle ne lui a pas été enlevée par un coup de fortune ou par un châtiment ? Elle ne pourrait vivre que de complaisance envers l'ennemi, perdant pièce à pièce un lambeau de notre sol, et fermant les yeux sur ces déprédations pour acheter le repos, au moins de l'étranger.

Et, si cet étranger est avide, insatiable, il profitera de ce que nos bras, nos forces, nos armées ne seront plus occupés qu'à couvrir des fantômes de royauté.

Nous poursuivrons l'ombre, il s'attachera à la proie, c'est-à-dire à nos provinces. Nous nous consumerons à restaurer l'impossible en restaurant des royautés défuntes. Pour lui, il a déjà fait Paris et Lyon places frontières, il continuera ses étapes contre nous. Ne trouvant nulle part la France, et partout une ombre de monarchie, il accordera à celle-ci le bénéfice des ombres. Il passera à travers. Ainsi une royauté morte, replacée par le hasard ou le crime sur le trône, ne peut communiquer que la mort à la France.

Car il est manifeste que la monarchie ne ramène parmi vous que les vieilles idées dont le siècle ne veut plus ; et l'on a toujours vu que, si une nation se condamne à restaurer des choses mortes, ce combat contre la vie lui est funeste. Cette nation se rapetisse à vue d'œil. Ses extrémités dépérissent et s'atrophient. C'est-à-dire que ses frontières sont entamées et se détachent. Ses places fortes tombent. Il ne reste qu'un corps débile où le cœur cesse de battre.

A quoi peuvent aboutir des monarchies opposées de principe, d'esprit, d'origine, et qui n'aspirent qu'à se détruire ? A des ruines nouvelles, où la France chaque jour diminuée finit par s'effondrer. Dans cet écroulement, l'étranger n'a qu'à choisir la place où il lui plaira de venir s'asseoir.

N'est-il pas vrai, en effet, que ces royautés se nient et s'excluent mutuellement ? Que chacune renverse le principe des autres ? C'est donc sur un véritable néant qu'elles prétendent édifier la fortune de la France. Ne les voyons-nous pas, sous nos yeux, ces frères ennemis, se maudire, se déchirer, conspirer leur anéantissement, avant même qu'ils soient quelque chose ? Dans cette lutte, quel est le plus acharné ? Quel est celui qui montre le plus de haine, le plus de résolution à s'entre-détruire ? Est-ce le légitimisme, ou l'orléanisme, ou le bonapartisme ? Vous ne pourriez le dire.

Comment ! c'est avec de pareils tronçons de royautés inconciliables que l'on prétend refaire une nation ?

Voilà le remède à nos maux ! Avouez qu'il est étrange : une guerre implacable de frères ennemis, qui ne laisse place à aucun principe de régénération. On parle d'une maison de France. Mais ce n'est pas dans une maison divisée, écroulée, qu'une nation va chercher son refuge et sa demeure.

Au milieu de ces spectres de tous genres, ameutés l'un contre l'autre, une seule chose reste debout. Une seule chose a la réalité pour soi : c'est la République. Et quand cette réalité nous abrite seule encore, c'est contre elle que se tournent les colères de tous ceux qu'abandonne la vie politique, intellectuelle.

S'ils réussissaient dans cette conjuration de haine contre la lumière et la vie, n'en doutez pas : notre existence nationale elle-même disparaîtrait au profit de peuples plus résolus à défendre leur place au soleil des vivants. Ces peuples ne peuvent être que les peuples allemands.

Alors on se demanderait pourquoi la France, avec trente-six millions d'hommes, est prise de léthargie ; pourquoi sa population diminue ; pourquoi ses ports se dépeuplent, ses ateliers sont déserts ; pourquoi son commerce extérieur tarit, sa marine languit ; pourquoi son territoire se resserre et ses frontières lui échappent.

Il faudrait répondre : C'est que toutes les forces de l'État sont employées à refaire l'impossible, à couronner des revenants, à nier ce qui est, à affirmer ce qui n'est pas, à défier le siècle, à rejeter le présent et l'avenir. Dans ce travail, peuple et individus s'épuisent et dépérissent.

Concluez donc avec moi, mes chers concitoyens, qu'il ne s'agit plus seulement de libertés intérieures, mais de l'existence même de la nation, et que poignarder la République, c'est poignarder la France.

XVII

ANNIVERSAIRE DE LA PROCLAMATION DE LA RÉPUBLIQUE
22 septembre 1792.

*Réponse à une adresse des républicains
de Pornic (Loire-Inférieure)*

Je suis heureux de l'occasion que vous me donnez de fêter avec vous cet anniversaire qui a ouvert une ère nouvelle pour la France et le monde. J'ai connu le membre de la Convention qui a le premier proposé l'abolition de la royauté : c'est l'abbé Grégoire, figure pacifique et douce, avec un cœur inébranlable. Voilà l'image de l'esprit vraiment républicain.

Nous sommes ici sur la dernière grève de la France. Parlons de ce grand anniversaire au bord du grand Océan que je prends à témoin. En face de l'Amérique nous tendons la main à l'Amérique républicaine. Nous entrons à pleines voiles dans son système. Après tant de tempêtes, rien ne nous empêchera d'aborder enfin et de jeter l'ancre dans la République et dans la liberté.

Il y a quarante ans, en 1831, je commençais ma carrière politique par l'exposition de deux idées : l'une, que la Prusse travaillait jour et nuit à envahir la France ; l'autre, que de cette ruine même surgirait, comme de l'abîme, la république française (1).

Depuis cette heure, je n'ai cessé d'annoncer, de préparer, autant qu'il était en moi, l'avénement de cet ordre nouveau. Où puisais-je ma confiance ? Comment n'ai-je pas hésité un seul moment à redire à mes contemporains : « La République est là ! Elle approche, voyez. On peut déjà en discerner les rivages. »

Je dois vous dire sur quelle observation repo-

---

(1) « C'est de la Prusse que le Nord est occupé à faire son instrument ; et si on le laisse faire, il la poussera lentement et par derrière *au meurtre du vieux royaume de France.* (Septembre 1831. Voyez tome VI de mes Œuvres complètes : *L'Allemagne et la Révolution,* page 157.)

« Quand le temps, en marchant sans s'arrêter, trouvera la France sans lien, sans ami, que lui restera-t-il à faire qu'à la pousser *à pleines voiles dans le système et les destinées du Nouveau-Monde ?* (*Ibid.*, page 160).

« Sachons que la *cession des provinces d'Alsace et de Lorraine* saigne encore au cœur de l'Allemagne, autant que les traités de 1815 au cœur de la France.

« Chez un peuple qui rumine si longtemps ses souvenirs, on trouve cette blessure au fond de *tous les projets* et de toutes les rancunes. Arracher ce territoire à la France, voilà le *lieu commun de l'ambition nationale.* (*Ibid.*, p. 157.) »

Ces dernières lignes, écrites en 1831, sont la réponse à ceux qui répètent que les projets de l'Allemagne sur l'Alsace-Lorraine sont nés en 1870, de la chute de la monarchie en France.

sait ma certitude. Le voici : Dès 1831, je remarquais que, depuis 1792, la monarchie avait cessé d'exister. Je demandais : « Qui a vu un roi ? » Personne ne pouvait me répondre.

Depuis Louis XVI, des hommes s'étaient assis un moment sur ce trône que Napoléon appelait une planche couverte de velours.

Ils en avaient été précipités et ils avaient disparu. C'était Napoléon, puis Louis XVIII, puis Charles X. Ils n'avaient fait que passer, sans laisser après eux de descendants, sur cette planche brisée. D'autres devaient plus tard s'y asseoir un moment et disparaître à leur tour dans le même écroulement.

Je me disais : Pour former une royauté, il faut un roi ; et je ne trouvais que des ombres qui ne laissaient aucune trace après elles. Ce n'étaient pas même des pouvoirs viagers ; leur existence royale comptait à peine quelques années. Fantômes de roi qui croulaient sur des fantômes. Mais ce n'est pas avec des simulacres que se fondent les établissements monarchiques. Il faut pour cela ce fait qui renferme la monarchie, comme le germe renferme l'arbre : il faut un homme couronné qui lègue son pouvoir à son fils. Là est le fondement de l'hérédité royale. Or, c'est là ce qui n'a pu se trouver.

La racine de la royauté a été extirpée ; le germe

a été emporté par les vents. Il n'existe plus parmi nous.

Ce qui reste, ce sont des personnes errantes, qui s'appellent elles-mêmes des prétendants.

Mais suffit-il de prétendre à une chose pour la posséder ? Eux-mêmes, ils n'ont point vu de monarchie. Comment pourraient-ils la représenter ? Ils n'ont vu comme nous que des spectres de royauté. Ils ont le désir d'être rois. Voilà tout.

Ainsi la déclaration d'abolition de la royauté, en 1792, a été consacrée par l'expérience. Le décret de 1792 a été obéi par les temps qui ont suivi. Voilà quatre-vingts ans que ce décret nous gouverne. Rien n'a pu l'abolir, parce qu'il était dans la force des choses.

Ce qui était visible déjà en 1831 est devenu la lumière même, depuis que la chute de Louis-Philippe et de Louis Bonaparte s'est ajoutée à la chute de tous ceux qui avaient essayé du trône depuis 1792. Voilà l'essai loyal, l'expérience consommée. L'essai a été fait sept fois, l'expérience est complète.

On ne peut y revenir, à moins de se faire un jeu de la parole et de la pensée humaines.

Comparons la France de 1792 à la nôtre. En 92, la République existait chez nous ; mais au dehors le monde ne pouvait y croire.

Les rois et les peuples étrangers lui déclarèrent

la guerre dès qu'ils la rencontrèrent ; c'est de là que sortirent les tempêtes.

Aujourd'hui, au contraire, le monde entier, peuples et rois, reconnaît la République française. Chose incroyable ! elle n'a d'ennemis qu'en France. Non seulement ses adversaires la combattent à l'intérieur, mais ils la nient. Ils repoussent le témoignage de leurs sens. Ils sont comme ceux que condamnait la Bible : ils ont des yeux pour ne pas voir et des oreilles pour ne pas entendre.

Chose plus étrange encore. Ils en appellent à la religion ; et ils sont en révolte ouverte contre ce qui est le premier principe de la religion, je veux dire le respect pour le jugement d'en haut. S'ils obéissaient au sentiment chrétien, ils diraient : « La monarchie a été foudroyée sept fois en moins d'un siècle, parce qu'elle était coupable envers le droit. C'était justice. Elle a disparu, parce que la main d'en haut qui la soutenait s'est retirée et l'a brisée. »

Au contraire, plus le châtiment est visible et s'appesantit sur la monarchie, plus ils l'en félicitent. C'est le renversement de tout sentiment religieux. Le système de la royauté, pris du vertige de Charles VI, fait ainsi la guerre au ciel et à la terre. Il est en révolte, à la fois, contre la raison et la croyance.

Pour nous, il en est autrement. L'esprit républicain vit en paix avec toutes les vérités. Nous n'avons pas à lutter contre l'évidence. L'évidence est pour nous. Les faits ne nous contrarient pas, ils nous portent. Les vents ne nous sont pas opposés ; ils nous poussent au port.

Ayons donc bon courage ; persévérons dans ce qui est la nécessité de notre époque.

Pour moi, je l'avoue, je sens plus de commisération que de colère contre des adversaires qui abandonnent tout ce qui est aujourd'hui lumière et certitude.

Nous pouvons être patients, nous qui possédons en partie le présent, et l'avenir tout entier. Mais ceux-là peuvent se montrer irrités qui ne possèdent plus que le passé.

Le meilleur indice, c'est que la France veut être elle-même son sauveur. L'Assemblée nationale fait des lois monarchiques et la nation en tire des éléments républicains ; témoin la loi départementale. Signe certain que le salut est aujourd'hui dans l'esprit de la nation.

Nous aurons encore des épreuves à traverser. On parle de divers projets que je crois dangereux : une seconde Chambre, un renouvellement partiel, un vice-président.

Mais la nation française, tant qu'on lui laissera le suffrage universel, trouvera le secret d'échapper aux piéges. D'institutions fausses, elle tirera des solutions vraies. L'esprit républicain grandit. Il ramènera les combinaisons, même les plus captieuses, à la République, non seulement conservatrice, mais démocratique.

Après tout, nous avons un grand ami, un ami tout-puissant, le temps. Il travaille pour nous. Je sens son appui en chaque chose. Ne le calomnions pas. Il n'a pas seulement une faux pour détruire et renverser. Il sait aussi construire. C'est lui qui a édifié vos rivages, et les flots du vieil Océan n'ont pu les emporter. Il édifie de même, jour par jour, la République, qu'il fait émerger du gouffre. Les orages des vieux partis ne prévaudront pas contre elle.

Mon dernier mot sera un vœu pour ce point extrême de la France. Puissiez-vous prospérer, de père en fils, sous la garde de lois libres, sages, sincèrement républicaines !

C'est le vœu d'un ami, qui vous remercie des quelques jours de repos qu'il a trouvés parmi vous.

XVIII

PÈLERINAGE D'OUTRE-TOMBE

A UN CERCLE PATRIOTIQUE

Versailles, octobre 1872.

Messieurs et chers concitoyens,

Puisqu'il ne m'est pas possible d'assister à votre réunion anniversaire, je tiens, du moins, à ce que vous receviez ce jour-là, mes vœux pour la noble et grande tâche que vous avez entreprise.

Cette œuvre est plus que jamais nécessaire; car enfin, c'est par la France que sera sauvée la France; c'est elle qui a pris soin de ses destinées, dans les élections nouvelles ; c'est elle qui a marqué la voie républicaine où l'instinct lui montre le salut. Travaillons donc tous pour lui ôter les entraves et les bâillons que tant de siècles esclaves lui ont laissés.

La réaction, sous ses noms divers, est aujourd'hui ce qu'elle était il y a quatre-vingts ans; ou plutôt elle s'est empirée jusqu'à la démence.

Elle n'a cessé de marcher en arrière. Dans ces

pèlerinages d'outre-tombe, la voilà qui n'a plus rien de commun avec les vivants. Ne nous étonnons pas si dans cette dislocation, toute vie, toute idée moderne la scandalise. Elle est aujourd'hui plus brouillée avec l'esprit moderne, qu'elle ne le fut jamais ; il est juste qu'elle l'injurie. Toute vérité lui paraît un spectre rouge.

Laissons-la retourner à des temps et des choses qui ne sont plus. Pour nous, marchons en avant. Plus de lumière, plus de science, plus de vérité, plus de sagesse acquise. Tout cela se trouve devant nous, non en arrière.

Quoique l'habileté suprême soit de vouloir une République sans républicains, je vous dirai : Augmentez par le pétitionnement le nombre des républicains actifs. Vous aurez une République sans républicains, quand vous aurez un triangle sans angle, un cercle sans circonférence, une France sans Français.

EDGAR QUINET.

XIX

DU RENOUVELLEMENT PARTIEL (1)

Versailles, 29 novembre 1872.

Je n'entre pas dans la question du pouvoir constituant de l'Assemblée. Je veux dire seulement que le problème qui nous est soumis a, comme tous les autres, une condition formelle. Il faut que la proposition du Gouvernement entraîne avec elle une importante majorité. Sinon, la nécessité devient plus évidente d'un renouvellement de l'Assemblée.

En effet, en des matières semblables, l'indécision est ce qu'il y a de plus funeste. Sur des questions d'état, on ne peut concevoir que la majorité oscille d'une extrémité à l'autre comme un grand pendule. Ce serait la perturbation de la France, au lieu de la stabilité à laquelle elle aspire.

Si ce point fixe ne peut se rencontrer dans l'Assemblée actuelle, au milieu de nos orages, la raison veut qu'on le cherche dans la nation. C'est là

(1) Pages posthumes.

une de ces occasions où l'on est nécessairement ramené à interroger l'esprit public par des élections nouvelles.

Mais comment peut se faire cet appel? Plusieurs personnes répondent : par un renouvellement partiel de l'Assemblée. Deux raisons, selon moi, combattent contre ce moyen. Premièrement, il a été rejeté pendant trente ans par tous les esprits libéraux de France, depuis Benjamin Constant jusqu'à Royer-Collard, et c'est un grand dommage pour les esprits libéraux de changer d'opinion, quand ils s'approchent du pouvoir. A cette raison, j'ajoute celle-ci, qui me frappe plus que toutes les autres : Par le renouvellement partiel, on tire au sort deux cent cinquante députés, je suppose, qui, de ce moment, ne font plus partie de l'Assemblée.

Qu'est-ce que cela, si ce n'est faire intervenir le hasard, par grandes proportions, dans les destinées d'un État? Une législation est raisonnable, à proportion qu'elle donne moins de place au hasard. Ne faisons pas du présent et de l'avenir de la France un jeu de roulette, un Rouge-et-noir. La raison publique a proscrit de pareils jeux dans la vie individuelle et privée; ce n'est pas pour les introduire dans la vie publique et nationale.

Si le renouvellement partiel rencontre de pareilles objections, il ne reste que le renouvellement intégral par des élections générales. En des moments si difficiles, c'est à l'esprit de la France qu'il convient de remettre la solution des problèmes qui pèsent sur nous. La seule objection que l'on fasse, c'est que l'on a besoin de repos, et que des élections sont une cause de trouble. Je réponds à cela que des élections générales ont eu lieu quand les Prussiens occupaient le tiers de la France. Le calme n'a été troublé nulle part. Il ne le sera pas davantage aujourd'hui. Et qui peut dire que la France aime mieux vivre dans une incertitude de chaque moment, plutôt que d'affirmer sa volonté par une élection générale ?

Ne confondons pas avec le trouble ou le désordre ce qui est l'exercice régulier du droit de suffrage. Là est le remède à nos maux. Ne confondons pas le remède avec le mal.

Dans tous les États libres, une issue a été laissée aux difficultés lorsqu'elles paraissent inextricables. Consultez la nation ! L'interroger, non par un plébiscite aveugle, mais par des élections nouvelles, là est la solution de nos énigmes, là est la raison et la lumière, parce que là est la sincérité et la vérité dans les institutions et dans les choses.

Si, malgré tous les efforts, nous ne pouvons nous convaincre les uns les autres, si nous ne pouvons nous ramener à la même pensée, c'est là le signe certain qu'il faut en appeler de nos dissentiments à la France, qui nous voit et qui nous juge.

XX

LA DISSOLUTION

Versailles, 12 décembre 1872.

Les adversaires de la Dissolution ont un argument capital auquel tout les ramène. Je veux prouver que cet argument est contraire à la réalité, et qu'il est lui-même plus dangereux que tous les périls auxquels on prétend nous soustraire.

Je dis que l'argument est faux. En effet, en quoi consiste-t-il ? En ceci : On prétend que la dissolution de l'Assemblée n'est possible et raisonnable qu'après la libération du territoire. Et pourquoi ? Parce que le mouvement des élections agitera le pays et qu'on donnera ainsi une occasion aux Prussiens de revenir sur leurs pas, de se rengager dans les parties de la France qu'ils ont évacuées, et de s'ingérer dans nos affaires intérieures.

Tout cela est l'opposé de la vérité. Nous avons péri militairement pour avoir été trompés sur la force et les intentions militaires de la Prussse. Ne périssons pas politiquement par des idées entièrement fausses sur l'esprit, les intentions et les vues politiques de la Prusse et de l'Allemagne.

Contrairement aux assertions des ennemis de la Dissolution, je soutiens que nulle part, en Prusse et en Allemagne, on ne voit poindre la moindre idée d'une ingérence dans nos affaires intérieures.

Interrogez sur ce point les hommes politiques allemands, la presse, tout ce qui a un crédit sur l'esprit public, vous ne trouverez nulle part l'intention de se mêler de nos débats. Oui, s'il y a quelque chose d'évident, c'est l'unanimité de toute la nation allemande en ce qui nous touche. Aussi longtemps que nous sommes les débiteurs de l'Allemagne et que nous payons le tribut, elle veut nous laisser à nous-mêmes, ne pas intervenir dans nos dissensions, surtout ne rien faire pour empêcher chez nous la vie publique.

Et comment ne pas voir la raison de l'accord unanime? Croyez-vous que je prétende que c'est l'effet d'une condescendance quelconque pour la France?

Vous ne m'attribuerez pas, j'espère, une pensée aussi vaine. Non. Si la Prusse et l'Allemagne se tiennent ainsi en dehors de nos débats intérieurs, c'est qu'elles y trouvent leur intérêt. Comment cela? Parce que leur intérêt actuel, leur but est de recevoir les milliards que la France produit actuellement à leur profit, et ils ont le ferme dessein de ne rien faire pour interrompre chez nous l'exercice de la vie publique, qui seul peut produire les trésors que la France crée pour eux.

Attribuez seulement aux Allemands l'intelligence la plus vulgaire, et vous verrez combien ce que je dis est évident. La France n'est pas pour eux une noble nation qu'ils ont la volonté d'épargner. Non, vous les connaîtriez mal, si vous leur attribuiez une politique de ce genre. La France est la poule aux œufs d'or qui pond pour eux ses trésors! Et vous les croiriez assez insensés pour chercher l'occasion de venir étouffer sous leurs pieds cet instrument de leur fortune! La France, tant qu'elle est leur débitrice, est une machine qui verse dans leurs mains les sommes prodigieuses que nul tribut n'a égalées jusqu'ici. Les croiriez-vous assez simples pour supposer qu'ils ne cherchent qu'une occasion de troubler et d'arrêter le jeu de cette machine qui fait couler dans leurs mains des flots d'or?

Connaissez donc mieux vos ennemis. Loin de vouloir s'ingérer dans vos affaires intérieures et déranger un ordre qui leur est si profitable, ils sont bien résolus, tant que vous leur devrez quelque chose, à ne pas tarir chez vous, par leur ingérence, la source des emprunts des impôts, et de tout ce qui compose la fortune publique de la France, aussi longtemps qu'elle entre pour une si grande part dans la fortune des Prussiens et des Allemands.

Je me résume et j'affirme, contrairement à l'opinion de mes adversaires, que jamais vos ennemis ne seront plus éloignés de s'immiscer dans vos affaires qu'aujourd'hui où ils ont besoin que la France puisse contracter, emprunter, échanger, produire pour l'acquittement des derniers milliards.

C'est votre dette qui fait aujourd'hui votre garantie et votre paix. Quand les Allemands seront payés, c'est alors, et alors seulement, qu'ils ne craindront plus de déranger vos affaires en s'en occupant.

Oui, vous avez aujourd'hui, vis-à-vis de la Prusse, une liberté d'action plus grande que vous ne l'aurez jamais. Profitez donc de cette liberté pour faire vos établissements et vos changements intérieurs. Il n'y a que le débiteur insolvable que l'on mette dans les chaînes du créancier; mais pour le débiteur solvable, celui-là reste libre. Il n'est pas réduit à consulter ses créanciers sur ce qu'il doit faire, penser, croire, décider, dans son intérieur. La France, Dieu merci! montre tous les jours qu'elle est solvable. Son créancier lui-même ne demande pas qu'elle soit mise à la chaîne dans sa main. Il rejette ce don que vous voulez lui faire d'une France dépendante. Il sait que l'indépendance seule produit et thésaurise.

12.

Malgré tout, on répète : « Nous ne consentirons à la dissolution qu'après la libération du territoire ! » Que veut dire ceci ? Que comprend-on par ces mots : Libération du territoire ? Est-ce donc que nous allons être délivrés des calamités de l'invasion ? Nos frontières vont-elles être rétablies, nos places fortes remises en nos mains, notre territoire assuré ? Cela veut-il dire que les Prussiens vont se retirer à la tête de pont de Mayence ou dans la Bavière Rhénane ? Hélas, non ! Cela veut dire que les Prussiens et les Allemands se concentrent dans Metz, dans Strasbourg et sur les crêtes des Vosges où ils occupent l'entrée des vallées qui conduisent au cœur de la France. Dès lors, les objections que l'on fait aujourd'hui à la dissolution et par elle à l'établissement de l'ordre nouveau conformément au vœu national, subsisteront dans toute leur force. A chaque vœu de la nation française, les mêmes hommes peuvent toujours redire : Ne soufflez pas, ne respirez pas, ne pensez pas, ne vivez pas. Car enfin les Prussiens sont toujours là, près de vous. Ils sont à Metz, à Strasbourg ; ils occupent les portes de la France. S'ils sont à Metz, rien ne les sépare de Nancy. Nous nous apercevons que rien n'est changé, que nos frontières sont ouvertes. Ce que nous appelions Libération du territoire n'était pour nous qu'un mot. La vérité est que ce que nous avons dit, nous le répétons : Il ne plairait pas aux Prussiens que nous établissions solidement la liberté chez nous. Soyons sages, ajournons à d'autres siècles l'espérance d'être nous-mêmes.

Voilà, en effet, la conséquence forcée, inévitable, d'un premier abandon de soi-même. Si vous ne pouvez exercer aujourd'hui les droits d'une libre nationalité, parce que les Prussiens sont à Nancy, vous ne le pourrez pas davantage quand les Prussiens se seront renfermés dans Metz et dans Strasbourg. Comptez les étapes de Metz à Nancy.

Ainsi vous jetez dans les fondements de la France nouvelle le principe d'un assujettissement éternel à l'Allemagne. Il ne s'agit pas seulement d'une question de politique. Il s'agit de la nationalité même. Dire que vous ne vous sentez pas maîtres de vous-mêmes aujourd'hui, c'est dire que vous ne le serez pas davantage, ni demain ni plus tard, tant que les Prussiens occuperont vos frontières naturelles et vos places fortes, les Vosges et l'Alsace-Lorraine.

Mais qu'est-ce que cela, sinon proclamer vous-mêmes votre effacement du rang des peuples indépendants? Et quand on songe que les Prussiens n'ont aucune idée de ce genre, que voulez-vous que nous pensions en vous voyant perpétuellement insinuer, développer cette idée comme votre règle de conduite? Ne craignez-vous pas en revenant ainsi sur cette pensée homicide, qu'elle ne finisse par entrer dans l'esprit des Prussiens et des Allemands ?

Ne craignez-vous pas qu'ils se disent :

« Voilà une pensée qui ne nous serait jamais venue. Mais puisque tant de Français la reproduisent comme naturelle, pourquoi ne l'adopterions-nous pas ? Certes, nous n'avions aucun dessein de nous imposer jusque dans la vie intime de la France. Il nous suffisait de recevoir son tribut. Mais, puisque tant de Français jugent tout simple que nous pénétrions dans l'esprit de la France pour le morceler et le mutiler comme nous avons fait son territoire, en vérité, nous ne saurions être d'un autre avis. Après tout, ils connaissent leur nation mieux que nous, et puisqu'ils répètent à satiété que notre droit de vainqueur va jusqu'à choisir pour eux la politique, les hommes, les occasions, les Assemblées qui nous conviennent, usons de ce droit ; pénétrons dans les partis. Soyons maîtres des esprits, comme nous le sommes des défenses naturelles du territoire. »

Ainsi, ce sont des Français qui, poussés par la passion, exciteraient chez nos mortels ennemis l'ambition de nous anéantir. Je veux bien que ces Français ne voient pas la conséquence de leur système et qu'ils introduisent l'ennemi dans notre for intérieur sans le savoir. Beaucoup de légèreté et beaucoup de passion peuvent produire des aveuglements de ce genre. C'est pour leur dessiller les yeux que je vous adresse ces paroles. Mais, est-il dans la puissance d'un orateur ou d'un écrivain de faire la lumière, quand la fureur des partis étouffe la raison ? J'ai démontré que c'est la nationalité française qui est ici en question. Il semble qu'un pareil danger doit dominer tous les autres.

Si j'avais cette foi, j'adjurerais ici tous ceux qui ont conservé un instinct français de ne pas persévérer un jour de plus dans l'abandon de notre droit national. Mais je sais trop bien que nous avons perdu la puissance de nous persuader les uns les autres. Jamais je ne l'ai regretté plus qu'à ce moment.

Je connais trop la violence des haines de partis pour espérer qu'elles se tairont devant l'évidence. Les partis italiens les plus sages, au cœur du moyen âge, avaient pour cri de ralliement : *Périsca la citta !* Périsse la cité !

EDGAR QUINET.

XXI

NOTRE DEVOIR ENVERS L'ALSACE-LORRAINE

Versailles, 20 décembre 1872.

La monarchie aux trois têtes a beau vouloir dévorer la République ; voici un point sur lequel nous sommes forcés de nous entendre.

Il n'est pas un seul homme en France qui ne se sente obligé de tendre la main aux Alsaciens-Lorrains privés de leur territoire. Nulle contestation n'est possible sur le devoir pour tous d'accueillir des hommes qui ont tout quitté pour rester fidèles à la fortune de la France.

Ce n'est pas seulement l'humanité qui le veut. C'est une affaire nationale. Il s'agit de fixer parmi nous une population qui donne l'exemple du patriotisme antique au milieu de notre monde moderne. Je dis qu'il n'est pas de sacrifice public ou privé qui ne doive être fait pour garder ce peuple d'émigrants à notre foyer.

Que nous apportent-ils avec eux ? Ce que nos ennemis ont voulu nous arracher : l'esprit, le caractère de l'Alsace-Lorraine.

Forcés de choisir entre le vainqueur et le vaincu, ils ont choisi le vaincu.

Dans ce nouvel Exode, la France ne sera-t-elle pour eux qu'un désert ? Les laisserons-nous traverser une France ingrate, pour chercher, par-delà l'Océan, une patrie que nous leur refuserions, et que l'Amérique leur offre ?

Ouvrons-leur donc nos rangs.

Je n'en dis pas davantage, parce qu'il n'est pas de mots pour répondre à des calamités qui ne se sont pas vues depuis qu'il y a une France.

EDGAR QUINET.

XXII

A GARIBALDI

Versailles, 22 janvier 1873.

Cher Garibaldi,

Votre lettre, qui s'adresse à mes amis autant qu'à moi, nous a réjouis, comme tout ce qui vient de votre grand cœur.

Tant que des âmes telles que la vôtre sont dans ce monde, il n'est pas permis aux gens de bien de désespérer un moment de la vérité et de la liberté, quel que soit le déchaînement de leurs adversaires.

Vous rendez justice à nos efforts, dans le combat de chaque jour où nos ennemis ont pour eux une grande puissance, celle des ténèbres.

Souvent nous sommes obligés de retenir nos indignations les plus justes : mais vous nous connaissez, vous nous comprenez. Grâce à vous l'Italie aussi nous connaît, nous comprend. Pendant que nos ennemis communs travaillent à brouiller pour jamais la France et l'Italie, vous maintenez l'alliance entre nos deux peuples. Vous êtes notre témoin ; vous répétez à l'Italie ce que nous disons à la France : qu'elles ont même cause, même avenir. Dans votre bouche, ce langage est tout-puissant. Votre immortelle campagne de France, ces champs de bataille où vous avez mêlé ensemble le sang italien et le sang français, parlent plus haut que la fureur de ceux qui veulent nous diviser pour nous anéantir.

Redites, cher Garibaldi, non seulement à l'Italie, mais à l'Europe, ce que vous savez mieux que personne : la France n'est pas une coterie d'aveugles qui se ruent dans l'esclavage pour y entraîner le monde. Cette coterie-là vous hait ; mais elle nous hait davantage. En la voyant, les peuples étrangers sont tentés de croire que notre nation est prise de folie. Ce mot a été prononcé.

Non, non, la France n'est pas là. Ne souffrez pas que le monde s'y trompe ou fasse semblant de s'y tromper. Cette République, *en haillons et mutilée,* que nous gardons encore, voilà la France vivante ; le reste est le cadavre jésuitique.

Nous savons que, si nous la perdions, cette République, nous ne trouverions plus aucun point d'arrêt dans la chute. Toutes nos monarchies seraient semblables par le même despotisme et le même servilisme. C'est alors, mais alors seulement, que la France tomberait à ce niveau que vous appelez justement *le dernier degré dans l'échelle de l'espèce humaine* (1).

Aujourd'hui, la réaction française ignore ce qu'elle a toujours ignoré, que dans le peuple le plus écrasé il reste des forces cachées qui peuvent éclater au moment où on le croit anéanti. Toujours la réaction française a cru, à certains moments, qu'elle pouvait tout oser. Elle a cru plusieurs fois, dans ce siècle, qu'il ne s'agissait plus pour elle que d'asservir un mort. Le mort s'est réveillé ; il a étreint et chassé les téméraires.

Qu'ils prennent garde à ce jeu ! ils pourraient se repentir.

Pour toujours, votre dévoué.

EDGAR QUINET.

(1). Voici la lettre de Garibaldi :

Caprera, 11 janvier 1873.

Mon bien cher Quinet,

Merci pour votre précieuse *République* et surtout pour votre affectueux souvenir.

Avec votre héroïque patience et votre fermeté, vous l'avez conservée, l'idole de notre vie, en haillons et mutilée, mais enfin République, et le monde vous doit bien de la reconnaissance.

Dites à vos courageux collègues que nous comptons sur eux et qu'ils peuvent compter sur nous.

Je suis pour la vie votre dévoué

G. GARIBALDI.

XXIII

A GARIBALDI

Versailles, 7 février 1873 (1).

Mon cher Garibaldi,

Des hommes qui ne vous connaissent pas ou qui ne peuvent vous comprendre ont encore une fois cherché à ternir votre gloire, la plus pure de notre temps. Peu vous importe ! Votre nom est enraciné dans le cœur des peuples. Il retentira, au loin, dans la postérité, quand celui de vos détracteurs aura disparu de toutes les mémoires.

Qui pourrait songer à vous défendre, vous, l'ami, le défenseur de toute justice ? La démocratie qui vous oublierait, s'oublierait elle-même. Et que serait la France, si elle devenait ingrate ? Ce ne serait plus la France.

Paris a montré qu'il se souvient des grandes actions en vous donnant, au jour de l'élection, ses deux cent mille voix. Nos départements ont fait

(1) Après la séance de l'Assemblée nationale où la droite a injurié Garibaldi. (*Note de l'éditeur.*)

comme Paris. Quand j'ai visité nos provinces du centre, la Côte-d'Or, Saône-et-Loire, l'Ain, partout j'ai recueilli de chaque bouche cette même parole :

— C'est lui qui nous a sauvés de l'invasion !

Vous n'avez, certes, nul besoin d'entendre ce cri de la reconnaissance publique. Mais moi, j'ai besoin de le répéter pour l'honneur de ceux que vous avez sauvés.

Là où l'ennemi a été victorieux, il nous a enlevé tout ce qu'il a pu nous prendre. Il nous a dépouillés. Mais au moins, il nous a laissé le cœur.

Pour toujours, votre dévoué et reconnaissant.

EDGAR QUINET.

XXIV

LA RÉPUBLIQUE EN ESPAGNE

Versailles, 16 février 1873.

A MESSIEURS ESTANISLAO FIGUERAS
ET EMILIO CASTELAR

Messieurs,

Honneur aux Cortès et au peuple espagnol! Ils ont rompu la monotonie byzantine, jésuitique, où nous sommes plongés. Ils ont remis quelque chose d'humain dans les choses humaines.

Il est certain que vous ne pouviez rien faire de plus sage. Ceux qui seraient étonnés de votre résolution montreraient qu'ils n'ont aucune connaissance de l'Espagne.

Vous avez essayé toutes les formes du pouvoir monarchique. Aucune d'elles n'a pu prendre racine. N'est-ce pas la preuve éclatante que ce pouvoir n'est plus dans les conditions de l'Espagne moderne, et qu'en s'obstinant à le faire revivre elle consumait dans une tâche impossible les forces nationales ? Ce qui a abdiqué, ce n'est pas seulement le monarque, c'est la monarchie.

Dès 1846, je vous invitais à renoncer à de nouvelles tentatives de royauté qui ne pouvaient servir qu'à épuiser l'Espagne. Ma principale raison était que, chez vous, les mœurs sont plus conformes qu'on ne croit à l'esprit républicain. Mes observations sur votre généreux pays, tout ce que j'avais vu dans chacune de vos provinces, me conduisait à ce résultat : qu'il n'y a pas de place, chez vous, pour une forme artificielle de monarchie, qui ne serait ni aristocratie, ni peuple. J'avais trouvé, chez vous, les classes sociales plus rapprochées l'une de l'autre qu'en aucun autre pays d'Europe ; j'en concluais que la monarchie seule empêchait les masses de la nation de se fondre en une vaste démocratie, et j'adjurais l'Espagne de se préparer à cette inévitable issue, la République.

Oui, ce qui m'avait frappé dès le premier pas m'avait été confirmé même par les chefs des partis rétrogrades. Je ne pouvais découvrir, chez vous, la féodalité de la finance, ni la grosse bourgeoisie, ni la classe de parvenus qui ailleurs essayent de constituer une aristocratie nouvelle avec les prétentions de l'ancienne. Sous le poids écrasant de vos monarchies, tout, chez vous, est resté peuple. Vous êtes tous placés au même niveau. La monarchie, en s'évanouissant, laisse apparaître un peuple d'égaux qui est précisément la base d'une institution républicaine.

Le voile qui recouvrait la grande égalité sociale de l'Espagne s'est déchiré le 11 février 1873. Vous avez fait ce jour-là plus que nous n'avons fait en France après deux ans d'Assemblée nationale.

La royauté ayant abdiqué, qui pouvait songer à la perpétuer malgré elle ? Vous étiez, par le fait, en République. Vous avez eu la sagesse de proclamer le fait. Vous avez reconnu l'événement. Était-ce à vous de ressusciter une chose morte, une monarchie qui avait renoncé à vivre, et dont vous veniez d'enregistrer solennellement le décès volontaire ? Non, vous n'avez point charge de ressusciter les morts. Vous avez fait passer la Révolution dans la loi.

Au lieu de fermer, comme d'autres, les yeux à la lumière, vous l'avez acclamée. Par là, vous inaugurez une ère nouvelle, en lui donnant pour fondement la réalité, la vérité.

Vous n'avez pas nié l'évidence ; mais en la proclamant, vous avez ramené le bon sens dans l'Occident.

D'un mot, en reconnaissant ce qui est, vous avez échappé à nos subtilités byzantines : un gouvernement pris à l'essai, une République sans républicains, une France sans Français, une Espagne sans Espagnols. De pareilles conceptions peuvent naître des calamités de l'invasion.

Mais vous, Espagnols, vous n'auriez aucune excuse d'accepter un semblable point de départ dans la régénération de l'Espagne. Car, enfin, vous vous appartenez. Vous n'avez pas l'étranger vainqueur sur votre sol. Votre n'êtes pas à sa merci. Il vous est donc permis de parler et de penser comme tous les peuples qui se sont appartenus à eux-mêmes. Ne nous imitez pas dans nos subtilités ; je veux bien qu'elles soient inévitables ; mais enfin, elles sont la marque de la défaite. Elles sont nées de l'invasion. Elles disparaîtront de nos esprits à mesure que nous échapperons au joug de l'étranger.

Quoi qu'il arrive, le 11 février 1873 vous avez coupé le câble, vous êtes embarqués. Des tempêtes pourront survenir. Rien ne vous ramènera à ces monarchies stagnantes, empestées, où vous périssiez.

Si elles devaient reparaître, ce serait avec un despotisme effréné et pour s'engloutir aussitôt.

Votre danger vous le connaissez mieux que moi. Ce sera, comme dans les Républiques de l'Amérique du Sud, les généraux sauveurs, un essaim de petits Bonapartes, chacun avec son usurpation d'un jour et son petit dix-huit brumaire.

Une chose me rassure. Elle m'avait donné une haute idée de l'Espagne. En la traversant, dans tous les sens, en 1843, je ne pus rencontrer ni un moine, ni un couvent. Ils avaient été abolis depuis 1835. Voilà la réponse à ceux qui croient que l'Espagne est le foyer monacal de la superstition et du jésuitisme. L'alliance intime du militaire et du jésuite, qui est le péril de l'Amérique du Sud et de notre race latine, cette conspiration-là, ce n'est pas vous qui en êtes les plus menacés.

Ne vous fiez pas à l'habileté et à l'expérience de vos ennemis pour conduire vos affaires. Ils viendront vous dire que, dans votre intérêt, il est bon de leur mettre en main le gouvernail; qu'eux seuls s'entendent à administrer, à juger, à punir, à occuper les grands emplois, à être quelque chose ; que pour vous il vous convient d'être dans l'ombre. Où est cette habileté ? Qu'a-t-elle fait ? Ruine sur ruine, chez vous, comme chez nous.

Ce qui commence à s'entamer dans les races latines, c'est la nationalité sous l'influence mortelle du jésuitisme. Il me semble que la nationalité espagnole a jusqu'ici échappé à cette peste. N'espérez pas conjurer le fléau du jésuitisme en lui donnant, comme nous, une fonction dans l'État.

On dit que l'esprit de nationalité persiste même

dans vos partis royalistes. Je voudrais bien le croire. Si cela est, ils auraient une belle occasion de montrer que, par exception, chez les Espagnols, l'Espagne l'emporte sur les passions de parti. Tel qui refuse de reconnaître une royauté rivale, n'a plus de raison de ne pas reconnaître la souveraineté nationale, à moins qu'il ne se mette en dehors de la nation.

Si vous avez des biens nationaux à vendre pour le compte de l'État, vous ne ferez pas la faute irréparable de la Révolution française, qui, en aliénant presque pour rien d'immenses domaines, sans les diviser, a remplacé l'ancienne aristocratie foncière par des enrichis d'hier qui doivent tout à la Révolution, et l'ont reniée et combattue dès le lendemain. C'est là un de nos pires fléaux. Vous l'éviterez, en divisant les biens nationaux en petits lots, qui, rendus accessibles au paysan, l'enlèveront pour toujours à la conspiration du clergé et de la monarchie.

Espagnols, vous n'avez pas pris la République à l'essai. Vous l'avez proclamée comme la nécessité. Dans ce sentiment de l'irrévocable, vous trouverez des forces inconnues.

Donnez-nous, rendez-nous la chose qui manque le plus à notre temps, et sans laquelle nous nous perdons : une heure de sincérité.

On ne connaît plus quelle est la puissance d'un

gouvernement qui avoue franchement son principe. Il vous appartient de montrer ce que peut la loyauté, un droit qui s'avoue, un drapeau qui se déploie, un État libre qui ose se dire libre. Toute l'histoire parle de vous comme d'un peuple fier. Voilà ce dont l'Europe a besoin. Entrez la tête haute dans le monde nouveau. Laissez à d'autres les petites habiletés, prenez les grandes, les seules qui régénèrent les États.

Le monde attend des Espagnols quelque chose de fier et de grand. Là est le tempérament de votre peuple ; là est votre salut — et le nôtre.

C'est la monarchie qui, dans le passé, nous a mis les armes à la main, les uns contre les autres. C'est la République qui unit la nation espagnole et la nation française. Depuis hier seulement, il n'y a plus de Pyrénées.

Recevez, messieurs, en mon nom et au nom de mes amis, les félicitations et les vœux de ceux qui ont foi dans la Justice et dans la Liberté.

EDGAR QUINET.

XXV

LIBERTÉ DE LA PRESSE

Versailles, 25 février 1873.

Monsieur et cher concitoyen,

Je ne puis que vous adresser, à la hâte, mes félicitations et mes vœux. Vous avez résisté, en un an, à une douzaine d'affaires, cinq arrestations, cinq mille francs d'amende, huit mois d'interdiction de la voie publique, quatre condamnations de conseils de guerre. Voilà ce que nous appelons en France, la sage liberté de la presse.

Et nous croyons être arrivés au but *rêvé par nos pères*, n'avoir plus qu'à nous endormir dans la jouissance de nos droits acquis ! De grâce, ne faisons pas de la vie publique et privée une moquerie de chaque jour.

Pour moi, je demande, depuis cinquante ans, ce qu'il est permis à un Français de penser et de dire. Je n'ai pu encore l'apprendre.

Tant que nous n'avons pas conquis le droit de penser, que pouvons-nous faire ? Stériliser le présent et l'avenir. En voici un exemple :

Pendant que nos ennemis suspendent sur nos têtes la menace du *pouvoir constituant*, je voudrais que la presse entreprît sérieusement de le définir. Es-ce le pouvoir de tout faire, jusqu'à l'absurde ? N'y a-t-il point des limites ? J'ai démontré dans la *République* (1), que le pouvoir constituant d'une Assemblée, n'est pas celui de choisir arbitrairement ou la République ou la Monarchie, mais que le choix est absolument commandé par le fait existant et légal ; j'ai établi qu'une Assemblée quelconque ne peut reconnaître autre chose que ce qui est ; et puisque la République seule existe, il n'appartient à aucune Assemblée de faire que la République n'existe pas. Combien il serait nécessaire que les journaux en revenant sur ce principe indubitable, fermassent la porte aux perpétuelles menaces de l'utopie monarchique ! Mais pour s'attacher à cette démonstration, il faudrait qu'ils se sentissent libres. Le sont-ils ?

Voyez pourtant où nous mène l'éternel provisoire. Si la France avait un démêlé sérieux avec une nation quelconque, de bonne foi, qu'arriverait-il ? Cette nation étrangère, descendue dans l'arène, aurait son drapeau. Elle saurait pour quelle sorte de gouvernement elle se bat, pour quel régime ; elle saurait sur quel terrain elle est

(1) La *République*, v. Œuvres complètes, t. XXV.

placée. La France, seule, n'en saurait rien ; elle ne pourrait dire, d'une manière formelle, si elle se bat pour un roi ou pour une République. Vit-on jamais, sur un champ de bataille, situation pareille, depuis qu'il y a des peuples dans le monde ? C'est la situation la plus voisine du néant où l'on puisse traîner la France.

Je m'arrête ici ; car je serais conduit à examiner le principe même de la nationalité française et les conditions auxquelles nul pouvoir n'a le droit d'attenter. Je montrerais que notre nationalité est menacée chaque jour de périr, si elle ne peut se définir par un régime connu, par une forme de gouvernement établi et saisissable. Il ne me serait pas difficile de prouver qu'en perpétuant le provisoire, on laisse la France ouverte au premier occupant. Mais ce sont là de graves questions. Je sais que je pourrais les traiter librement en Angleterre, en Allemagne, en Italie, en Espagne, en Portugal. Cela se peut-il en France ? Est-ce permis à un Français ? Je l'ignore. Dans cette incertitude, après vos dures expériences, je me tais.

Votre tout dévoué,

EDGAR QUINET.

À *l'Égalité* DE MARSEILLE.

XXVI

A MES ÉLECTEURS

Paris, 23 avril 1873.

Mes chers concitoyens,

Je combats la candidature de M. de Rémusat, malgré mes sentiments personnels pour un homme que j'estime. Les factions monarchiques, en s'emparant de son nom, ne me laissent pas l'alternative.

Quel est le sens de la candidature de M. de Rémusat? Nos adversaires déclarés, les orléanistes, en l'acclamant, lui ont donné sa signification réelle. Sous une ombre de République, ils en ont fait une candidature de réaction royaliste.

Toute la question est de savoir s'il convient aux républicains de servir l'intérêt des ennemis les plus puissants de la République.

On vous répète qu'en votant pour vos adversaires, vous vous les concilierez : et moi, je prétends, au contraire, que, si vous vous reniez pour plaire à vos adversaires et les attirer à vous, ils en concluront que vous êtes faibles, que vous avez besoin d'eux ; et comme ils n'estiment que la force et le pouvoir, ils vous prendront en mépris et vous fouleront aux pieds.

Ayons, je vous prie, de la mémoire. Il y a vingt-deux ans, on nous disait aussi, un peu avant l'empire : — Soyez sages, soyez habiles. Ne contrariez en rien vos adversaires officiels. Ne faites pas la faute insigne de voter jamais autrement que l'Élysée. Le prince président vient à vous. N'allez pas, par maladresse, lui déplaire, où prendre les précautions même les plus indispensables. Sacrifiez-lui vos préférences, vos sentiments, vos candidats. Il en sera touché ; il défendra votre cause cent fois mieux que vous ne feriez vous-mêmes.

Malgré tous mes efforts, je ne pus empêcher des républicains de tomber dans le piége. Ils entrèrent, aveuglément, systématiquement dans l'équivoque et dans l'embûche. Ils trouvèrent au fond le Deux-Décembre.

Voilà ce qu'a produit cette habile politique qui consiste à parler et voter contre son parti, avec ses adversaires déchaînés. Je ne dis pas que vous ayez à redouter demain, sous la même forme, un nouveau Deux-Décembre. Je dis seulement que ceux qui ne s'éclairent pas par l'expérience périssent. Je soutiens que la même méthode politique amènerait pour vous les mêmes résultats : la ruine de la République, et, pour conséquence, la décadence indéfinie de la France.

Paris se reniant lui-même dans le vote du 27 avril, conçoit-on ce que ces mots signifient? Quel encouragement à tout oser, pour les réactionnaires de tous les régimes! C'est alors qu'ils n'auraient plus de frein et qu'ils penseraient le moment venu d'en finir, du même coup, avec la République et avec la France moderne.

Faire de Paris la tête de la réaction, toute la question est là. Si l'on y réussit, on espère bien que le corps entier de la France suivra la tête. En effet, quelle puissance exercerait sur les départements cette nouvelle qu'au 27 avril Paris s'est renié, qu'il a cessé de croire à la République, que la ville de la lumière est devenue la ville de l'équivoque? Croyez-vous qu'un changement semblable ne serait pas présenté comme un exemple à suivre par la masse de la nation entière? Ce serait bien mal connaître vos ennemis.

Oui, ce précédent serait exploité par eux. Il pèserait d'un immense poids sur l'avenir. Car enfin votre espérance, votre dernière planche de salut est dans une Assemblée nouvelle qui doit réparer les dommages causés par celle de Versailles. Mais, si le vote de Paris était réactionnaire, vous verriez la réaction se servir de ce vote pour extorquer des provinces une Assemblée constituante presque en tout semblable à celle que vous avez appris à connaître par ses paroles et par ses actes.

Si cette récidive se produit, si l'équivoque se perpétue, que ferez-vous? Les mêmes réactionnaires qui vous pressent aujourd'hui de vous renier vous diront : — C'est vous qui l'avez voulu ; c'est vous qui nous avez aidés à vous détruire. La France n'a fait que vous suivre dans cette voie ouverte par vous, d'une République sans républicains, d'une démocratie sans démocrates. Votre République périt ; c'est vous qui l'avez tuée le jour où vous avez préféré notre candidature royaliste à la candidature républicaine. Courbez-vous sous la loi que vous avez faite, et permettez-nous de rire de vos habilités: c'est justice.

Reconnaissons la vérité. La candidature Rémusat couvre, dans un avenir plus ou moins prochain, la candidature de M. le duc d'Aumale à la présidence de la République. Ces choses-là sont de même nature. Elles s'enchaînent, s'appellent et se soutiennent l'une l'autre.

Quand le prince-président apparaîtra, je pense bien que la méthode pratiquée aujourd'hui sera suivie de nouveau. Les mêmes paroles serviront dans des circonstances analogues. On répétera qu'il est sage, qu'il est profondément habile de ne pas embarrasser l'élection et l'avénement du prince. Ce serait le rendre moins favorable à la République. Le prince consent à en être le meilleur soutien, si vous ne le contrariez jamais.

Oui, ces choses seront redites; mais, alors, les plus aveugles sentiront la chaîne au cou. Il sera trop tard pour vous en défaire légalement. Une Révolution seule en sera capable; et si l'on a dit avec raison, qu'elle serait *la plus redoutable de toutes*, je pense que l'on entend par là que le cratère ne s'ouvrirait plus seulement à Paris, mais sur la surface entière du territoire de la France. Étrange manière de conserver !

On couvre tout de ces mots : *integrité du suffrage universel*.

Mais je les ai entendus vingt fois avant et après la loi du 31 mai. Ceux qui ont renversé en 1850 le suffrage universel, je les ai toujours entendus soutenir qu'ils l'avaient respecté dans *son intégrité*. Pourquoi le même mot n'aurait-il pas le même sens aujourd'hui, dans les mêmes bouches?

Que veulent-ils dire, je vous le demande, avec ces déclarations perpétuelles de haine contre les idées radicales? Ou ces paroles n'ont point de sens, ou elles signifient : haine du peuple, haine des intérêts de la masse de la nation française.

Est-ce à nous à faire écho à ces déclamations par nos votes?

Sortons de l'équivoque où nous périssons tous.

Que chacun sache bien ce qu'il va faire le 27 avril. Ceux qui veulent, dans un temps donné, pour président de la République, M. le duc d'Aumale, c'est-à-dire la monarchie et la révolution *la plus redoutable,* ceux-là voteront pour M. de Rémusat. Nous qui voulons la République, la Démocratie par le développement régulier des intérêts de tous, nous voterons pour M. Barodet.

EDGAR QUINET.

XXVII

A MES ÉLECTEURS.

Versailles, 30 mai 1873.

Mes chers concitoyens,

La République n'est pas un parti ; elle est la France.

De là le calme qui, sur toute l'étendue de la République, a accueilli la nouvelle du changement de gouvernement, dans la journée du 24 mai.

Tous ont senti que la République établie dans les esprits, fondée sur les intérêts, les besoins, les convictions, les nécessités de la nation entière est au-dessus du débat. Aucun trait ne peut l'atteindre.

Ce qui est résulté de la discussion avec une évidence irréfutable, c'est l'impossibilité de faire autre chose que la République, à moins de se jeter dans l'usurpation et de tomber dans le crime.

Vous avez compris que trois monarchies acharnées l'une contre l'autre et se réunissant en un seul corps à trois têtes, ne sont pas une organisation viable. Vous avez pensé qu'il faut attendre que ce corps se dissolve de lui-même, comme il arrive de tout ce qui porte en soi la discorde et la guerre ; votre premier mot d'ordre a été : Patience.

L'effet a répondu à la parole; tous les hommes qui, en France et dans le monde, croient à la République, à la liberté et au droit, ont approuvé votre conduite, comme la marque de la vraie force.

Par là, vous avez dissipé les calomnies qui ont été jusqu'ici l'arme principale de vos adversaires. Vous vous êtes montrés ce que vous êtes, les véritables défenseurs de l'ordre, les représentants de la conservation sociale. Car la conservation, telle que vous l'entendez, est en même temps vie et progrès. Si elle était ce que vos ennemis la font, le *statu quo* et le dépouillement des droits acquis, elle ne serait que la mort sociale et politique.

Voilà, au fond, la différence entre vous et vos adversaires. Vous voulez empêcher la décadence de la France ; vous êtes des hommes de rénovation. Eux, au contraire, ont accepté la décadence nationale comme l'ordre régulier, légitime, comme le fait accompli auquel il n'est pas permis de se soustraire.

Il s'agit pour la France de renaître ou de périr.

La République est la régénération, la monarchie est la chute sans espoir.

La question ainsi posée, quel Français hésitera?

Hier, nous vous avons dit : Patience, et vous avez été patient. Aujourd'hui j'ajoute : Persévérance, Fermeté, Énergie.

EDGAR QUINET.

XXVIII

CHUTE ET RELÈVEMENT

Discours à l'Union républicaine.

31 mai 1873.

Une chose éclaire notre situation. C'est la certitude que nos adversaires ne sont pas seulement des ennemis politiques. Non, la lutte n'est pas seulement entre des opinions ou des croyances différentes. Elle est plus profonde.

Ceux qui veulent détruire la République sont tous des hommes de décadence. Ils ont pris les mœurs, l'esprit, la méthode des temps de décadence ; ils ne comprennent la France que comme une nation qui décline et qui tombe.

Voilà pourquoi toutes ces factions s'unissent si aisément ; elles ne comprennent qu'une chose : la dégénération nationale.

Pour nous, que voulons-nous au contraire? La régénération nationale.

La différence entre nos adversaires et nous, n'est donc pas seulement la différence de la monarchie et de la République.

C'est la différence entre la chute et le relèvement, entre la mort sociale et la renaissance.

Et c'est ce que la France a senti ; c'est ce qu'elle a déclaré toutes les fois qu'elle a été interrogée depuis deux ans. Il s'agit pour elle d'échapper à la voie de décadence où elle était entrée ; elle comprend que la République n'est pas seulement pour elle le droit, la justice, la liberté, mais encore la renaissance et la vie.

Toutes ces élections républicaines, c'est la marque de l'instinct d'un peuple qui dit : J'étais tombé, je veux me relever. On m'avait frappé à mort, je veux renaître.

En partant de ces idées, notre tâche se simplifie, elle s'éclaire. Nous ne pouvons espérer de convertir, de ramener à notre pensée des hommes de décadence. D'où il suit que nous n'avons rien à attendre d'une politique de complaisance, de compromis, puisque ce seraient autant de concessions à la ruine et à la mort politique et sociale.

L'instinct de la France lui dit qu'elle ne peut renaître que dans la lumière et par la lumière. Son plus grand besoin est de sortir de l'équivoque. Et qui l'aidera à sortir de cette nuit, si ce n'est nous ? Oui, la France attend que nos paroles soient lumineuses comme nos actes.

Nos adversaires nous appellent Radicaux. Ou ce mot n'a pas de sens, ou il veut dire que nous

voulons une République fondée sur les principes
républicains. Hé bien, oui ! nous sommes de ces
hommes étranges qui veulent que les institutions
reposent sur des vérités, et non pas sur des mensonges.

Cela est fort extraordinaire, mais c'est là aussi
ce que veut la France. Elle compte sur vous, pour
faire jaillir dans chaque occasion et dans chaque
situation la clarté, la sincérité par lesquelles seules elle peut retrouver sa place dans le dix-neuvième siècle.

XXIV

POURSUITES CONTRE M. RANC

Discours dans les bureaux.

14 juin 1873.

Accorderez-vous l'autorisation qui vous est demandée, de livrer un de vos collègues à un tribunal exceptionnel ?

Je pourrais me contenter de répéter la réponse qui est dans presque toutes les bouches. Les faits incriminés se sont passés il y deux ans et demi. Dans ce long intervalle, M. Ranc aurait pu être poursuivi, il ne l'a pas été ; l'Assemblée nationale interrogée, dans une séance que vous vous rappelez, a préjugé la question. M. le général de Ladmirault n'a pas cru nécessaire de demander une autorisation de poursuivre, sous le gouvernement précédent. Dès lors il est évident que la justice ne réclamait pas impérieusement une mise en accusation ; l'intérêt de la société n'était pas en cause.

Cela établi, tous les motifs que l'on pourrait alléguer pour soutenir l'autorisation demandée vont se briser contre la raison supérieure que voici :

Depuis cinquante ans, il n'est pas un homme sensé qui ne répète que l'un des grands malheurs de la première Révolution a été la facilité des Assemblées à accorder la mise en accusation des représentants du peuple, jetés en proie aux passions d'une majorité ennemie. Une fois que la porte fut ouverte à ce fléau, elle ne se referma plus. On vit les majorités changer, et le même précédent invoqué en sens contraire. C'est ainsi que les partis se sont dévorés les uns les autres.

Voilà l'expérience incontestable de nos révolutions. Eh bien ! je le dis, en me plaçant en dehors de tous les partis, un peuple se perd, si l'expérience est comptée pour rien par ses législateurs. L'avertissement qui nous vient du passé sera écouté. Ne vous livrez pas à la pente où vous êtes entraînés, ne faites pas ce premier pas après lequel il est si difficile de s'arrêter. La mise en accusation qui vous est demandée aujourd'hui dans un sens, sera plus tard demandée dans un autre sens, au profit d'autres passions ; ne répétez pas notre histoire, ne remontez pas à ces jours terribles où chacun met la justice à punir un adversaire d'opinions et d'idées.

Si je ne savais à quel point nous sommes devenus étrangers les uns aux autres, combien il est impossible de rapprocher nos pensées et de nous convaincre mutuellement, je ne douterais pas que les raisons que je viens de donner ne suffisent pour vous persuader de la nécessité de refuser, avec l'autorisation, le don funeste qu'on vous demande.

XXX

DÉLIT D'OFFENSES CONTRE L'ASSEMBLÉE

Discours dans les bureaux.

17 juillet 1873.

Tout s'enchaîne dans notre situation. La République n'étant pas reconnue par la majorité, il en résulte une conséquence inévitable. C'est que, dans aucune assemblée, les opinions, les partis, n'ont été aussi séparés que dans l'Assemblée actuelle. Ce ne sont pas seulement des nuances, ce sont des principes absolument incompatibles qui sont en présence. D'un côté la République; de l'autre la monarchie. En un mot, les esprits sont aux antipodes, aux deux pôles opposés des choses humaines. Le plus souvent, ils ne peuvent plus se comprendre. Nous parlons des langues différentes.

Voilà le mal; le résultat immédiat est celui-ci : dans cette divergence absolue, il s'ensuit nécessairement que le parti républicain ne peut parler sans que le parti opposé ne se sente atteint au vif. Plus nous sommes éloignés les uns des autres, plus on devient ombrageux. Des principes si ennemis, si incompatibles passent facilement pour une offense. On ne peut se figurer qu'il n'y ait pas une intention formelle d'injurier, chez ceux qui pensent et parlent autrement que la majorité.

Plus cette pente est naturelle à se croire lésé par la liberté républicaine, plus la justice voudrait que la majorité se tînt en garde contre une disposition de ce genre, qui, je le répète, vient de l'hostilité, de l'antipathie absolue de la République et de la monarchie. L'équité voudrait que l'on augmentât les garanties qui protègent la liberté, et ce sont ces garanties que l'on vous propose d'anéantir.

S'il y a quelque chose de raisonnable au monde, c'est qu'une Assemblée puisse, elle seule, décider si elle se sent, oui ou non, offensée par un discours ou par un écrit ; et c'est cette garantie élémentaire, source de toutes les garanties, qu'il s'agit de détruire.

Demander la dissolution de l'Assemblée est, en soi une proposition très légale. Déjà beaucoup de nos adversaires la considèrent comme une offense. Qui décidera si l'Assemblée se sent blessée ? Il faudrait, pour en juger, toutes les lumières du grand jour, la discussion, l'intervention de la conscience publique.

Au lieu de cela, ce seront vingt-cinq membres

qui, à huis clos, sans contrôle, sans le frein que la publicité met quelquefois aux passions les plus vives, ce sont vingt-cinq membres, ou plutôt c'est un conseil des Dix, qui décidera qu'il faut poursuivre sans consulter l'Assemblée.

Jamais proposition n'a été faite plus hostile à la liberté, plus contraire à l'équité. Jamais n'a été nié plus ouvertement le droit d'examen et de discussion, qu'on pouvait croire assuré après que la nation française a affirmé tant de fois, et par tant de Révolutions, sa volonté de sauver la liberté et la justice.

XXXI

A MES ÉLECTEURS

Villers-sur-Mer, 23 août 1873.

Mes chers concitoyens,

Il n'en faut plus douter. C'est bien Henri V, l'ancien régime, le droit divin, qu'il s'agit de vous imposer, par un vote de l'Assemblée, fût-ce à la majorité d'une voix. Oui, c'est la Révolution de 89 qu'il s'agit d'effacer avec tous vos droits acquis, pour y substituer le bon plaisir d'un seul homme.

— Cela est insensé, dites-vous. On ne discute pas la démence. — Et pourtant, mes chers concitoyens, on prétend non seulement la discuter, mais la voter.

Encore une fois, il s'agit de jouer sur un coup de dé le sort de la France. Une démence semblable à celle qui vous a précipités à Sedan veut vous précipiter, en un jour, dans le droit divin.

Qu'est-ce donc que le droit divin, inconnu des générations actuelles? Il faut le définir. C'est le droit du vainqueur sur le vaincu; c'est Clovis qui dit au peuple terrassé sous sa francisque : « Tu es mon bien; tu m'appartiens par le droit du glaive; je pourrais t'exterminer, je te laisse la vie, mais tu deviens ma chose. Tu ne posséderas, tu n'existeras que par mon bon plaisir. Tu es esclave, les évêques te le rediront après moi. »

Voilà le droit divin; et n'est-ce pas déjà un commencement d'esclavage que d'avoir à prononcer de semblables paroles? Vaincus, conquis, devenus la proie du vainqueur!

Faut-il rire, faut-il s'indigner? Il faut l'un et l'autre. Car où est-il ce nouveau Clovis qui nous a écrasés de sa masse d'armes? Sur quel champ de bataille le comte de Chambord et le comte de Paris nous ont-ils vaincus? Où nous ont-ils réduits au rang des peuples tombés en servitude?

Je vois bien les évêques prêts à consacrer le droit divin de la force et de l'épée. Mais la force où est-elle? Et l'épée, et la victoire, et le victorieux, où sont-ils?

Faible embarras. Une voix de majorité prononcera que la France a été terrassée sur un champ de bataille que nous ne connaissons pas. Cela devra tenir lieu de réalité. Nous serons censés avoir été subjugués par la victoire d'Henri V, du jour où quelques hommes assureront avoir vu en songe cette conquête de la nation française par notre vainqueur Henri V. Dès lors, la France deviendra sa proie, sa chose, il lui laissera la vie et, avec la vie, le droit d'obéir.

A force de se répéter à eux-mêmes qu'ils sont souverains, ces hommes finissent par croire qu'ils peuvent tout en effet, qu'aucune limite ne les arrête, qu'ils disposent de la terre et du ciel.

C'est pour empêcher ce désordre d'esprit, ce vertige de l'omnipotence que sont faites les lois et les institutions réelles. Elles servent de gardefous à tous les souverains, quels qu'ils soient. Otez ces barrières, le vertige césarien commence.

J'ai toujours soutenu que le pouvoir constituant est le pouvoir d'organiser ce qui existe, et non de créer ce qui n'existe pas.

Dès lors, une Assemblée, au milieu d'institutions républicaines, peut proclamer une République, elle ne peut faire de rien une monarchie, à moins de se jeter dans l'absurde et, en matière politique, l'absurde est l'illégalité!

Depuis qu'il y a des Assemblées délibérantes, il ne s'en est trouvé aucune qui ait fait une révolution en contradiction avec le gouvernement légal et les faits existants. Pour réaliser des coups d'État parlementaires, il a fallu qu'ils fussent précédés de coups d'État soldatesques, d'une révolution dans la rue, d'un changement extérieur dans les conditions de la vie publique. Jamais, depuis que le monde politique existe, il ne s'est trouvé une Assemblée qui ait renversé, toute seule, le régime légal d'un peuple, et pris l'initiative d'un bouleversement, tel que la substitution improvisée de la monarchie à la République.

Et pourquoi? C'est que toutes les Assemblées du monde ont compris qu'il est insensé de décréter une révolution, si cette révolution n'est pas dans les faits existants. Toutes ont compris qu'une usurpation parlementaire, en contradiction avec la réalité, serait sans base, sans force, sans validité, et comme non avenue, si elle n'était précédée par un coup de force. Aujourd'hui, la première condition serait un 18 brumaire clérical, un 2 Décembre royaliste, un bouleversement des faits, des choses, des existences sur la place publique. En un mot, point de révolution par une Assemblée, sans une révolution antérieure dans la rue. Le vertige seul décrète les chimères.

Voilà le droit public universel. Lors donc que l'on prétend que l'Assemblée nationale de France, sans s'inquiéter de la réalité des choses, ni du gouvernement légal, ni des institutions existantes, se propose de renverser la République pour y substituer la monarchie, on lui attribue la volonté de faire ce qui n'a jamais été fait chez aucun peuple. On l'accuse de se mettre en lutte avec le droit universel, avec les traditions parlementaires non seulement de la France mais du monde.

Ici une chose confond : c'est que des hommes de loisir, de jouissance, ouvrent eux-mêmes l'outre des tempêtes. S'ils déchaînent de nouveau les Révolutions, croient-ils posséder un privilége qui les mette à l'abri des bouleversements qu'ils provoquent? Où est leur talisman? C'est donc de gaieté de cœur qu'ils appellent les convulsions, les renversements, comme s'ils devaient y échapper. Louis-Philippe, dans la nuit du 23 au 24 février, ne voulut jamais croire que le tocsin sonnait autour de lui. Se trouvera-t-il encore des hommes qui ferment leurs oreilles au tocsin de l'opinion?

Et si l'impossible devenait possible, s'ils réussissaient à réaliser l'absurde, à faire de la France un peuple tombé en enfance, que verriez-vous? Un pareil effondrement de la nation française donnerait à ses voisins le droit de tout oser contre elle. Le mépris ouvrirait la porte à de nouvelles invasions. Si les restaurations de 1814, de 1815, du Deux-Décembre ont été suivies du démembrement de la France, que serait-ce d'une restauration cléricale de droit divin en 1873? La première pensée d'une résurrection de l'ancien régime serait de détruire la nationalité italienne au profit du pape : d'où la nécessité d'une guerre contre l'Italie et la Prusse.

Nous reverrions bientôt la quatrième invasion,

et, ce jour-là, il ne nous resterait plus un ami dans le monde. Que l'on ne réponde pas que nous n'avons plus rien à perdre, que la Prusse nous a pris tout ce qu'elle désire nous prendre! Voilà une étrange assurance. Je me refuse à désigner ici les parties de notre territoire qui nous seraient les premières arrachées, si par notre faute ou notre complaisance, ou notre inertie, nous armions, au nom du droit divin, une coalition contre nous, de l'Allemagne, de la Prusse, de l'Italie et de toute la société moderne.

La parenté nous lie, dit-on, avec la race latine. Justement. S'il en est ainsi, la race latine, livrée par nous, nous maudirait doublement comme des oppresseurs et comme des traîtres.

Ainsi, convulsions au-dedans, démembrement, ruine publique et privée, voilà tout ce que l'on peut entrevoir, au milieu des complots qu'enhardit l'impunité.

Ce que les conspirateurs royalistes veulent nous imposer est si monstrueux qu'ils n'osent même le nommer. Ils en appellent au droit divin, et ils n'osent prononcer ce mot. Ils lui substituent celui de *monarchie traditionnelle*, comme si changer le mot, c'était changer la chose.

Quelques-uns nous promettent un drapeau cravaté de blanc par le haut, sur un lambeau tricolore par le bas. Et que feriez-vous de ce drapeau du

Syllabus et d'Escobar sur un champ de bataille?

On ne pourrait ramener, sans le briser, un homme à la taille de l'enfant ; de même, on ne peut ramener la France de nos jours à l'ancien régime sans la tuer.

Y a-t-il, demandez-vous, un danger pour la République? Oui, mes chers concitoyens, non seulement il y va de la République, mais la liberté, la sécurité, l'honneur, la vie de la France sont mis en péril par les conspirations qui se trament devant vous. Je vous ai avertis de tous vos périls, à différentes époques. Je vous dis encore aujourd'hui : le péril est là. Regardez-le en face. N'en détournez pas les yeux.

Mais cette nation, est-elle encore une fois perdue, parce que des factieux conspirent? Loin de moi cette pensée. Où donc est le remède? Je viens de le dire et je le répète.

Que ce peuple qui a montré une si magnanime patience y persiste; mais qu'en même temps il veille! Que la nation veille sur ce droit sacré, suivant lequel il n'appartient à personne de la céder, en propriété, comme un corps mort, à un prince, à une famille, à un homme qui prétend la sauver en l'anéantissant. Que chaque Français se répète qu'il n'appartient ni à un individu, ni à une portion du peuple, de dépouiller la France de sa souveraineté nationale, pour en disposer sans la consulter, au profit d'une maison. Que la conscience publique proclame, par chacune de ses voix, que tout ce qui se ferait pour immoler la nation à un homme, serait un coup d'État, sans valeur, contre lequel protestent les traditions de tout notre droit public et celles de la vie parlementaire chez tous les peuples civilisés.

Ces vérités, ces évidences, devenues chair et sang dans le cœur de chaque Français, voilà notre retranchement contre le dol et la violence.

Le monde entier est, sur cela, de notre avis. Qu'il soit, entre nos adversaires et nous, notre témoin !

La France a pu être terrassée au Deux-Décembre par le fer. Elle ne peut être escamotée dans l'urne par un artifice de rhéteur. Elle est avertie; elle voit le complot, elle le suit pas à pas. Cela suffit. Elle défendra et sauvera la République pour se défendre et se sauver elle-même.

Dans ces conditions, un peuple ne devient esclave que s'il veut bien l'être.

En vain jouerait-on à croix ou pile l'existence de la nation. Elle sait, qu'après tout, elle tient les dés et que le dernier jeu sera ce qui lui plaît. C'est à elle qu'appartiennent les dés et les joueurs.

Pour moi, j'ai vu l'esclavage et la Terreur blanche sous la Restauration. Je la connais pour l'avoir éprouvée ; je ne peux ni ne veux y rentrer. Je ne me sens pas né pour devenir esclave.

Voilà aussi le cri de la France pour tous ceux qui savent entendre.

EDGAR QUINET.

XXXII

AUX RÉPUBLICAINS DE L'AIN

23 septembre 1873.

Un mot seulement, par l'intermédiaire du journal, aux démocrates, aux républicains, aux patriotes de l'Ain, à tous ceux qui se sentent unis dans la République et dans la liberté. Cette parole est une parole d'espoir et de confiance dans l'avenir de la France.

Je crois qu'un de nos motifs les plus certains d'espérer, est précisément l'absurdité des entreprises de nos adversaires.

Il est facile de vouloir des choses monstrueuses; les faire vivre est impossible.

Nous ramener en un jour de la République à la monarchie, du dix-neuvième siècle au moyen âge, est la plus grande violence que l'on puisse tenter sur un peuple.

Au milieu de nos calamités, une chose fera l'honneur de notre pays. La grande masse de la nation a pu conserver sa raison au milieu des provocations incessantes de la démence.

Le bon sens français a résisté à la contagion du vertige. De combien de nations pourrait-on en dire autant?

Une immense ronde de derviches s'est déroulée autour de la France pour l'étourdir. La France est restée indifférente. Elle a même contenu son rire.

On lui a présenté une monarchie à trois têtes, puis à deux têtes ; et ces visions du délire ont passé devant elle sans altérer son jugement et sans troubler sa vue.

On a dressé devant elle la fantasmagorie du droit divin, du césarisme, du roi constitutionnel, du Pape et du César qui se fondent l'un dans l'autre, comme dans une hallucination ou un rêve de fiévreux.

Apocalypse réactionnaire pleine de spectres, de revenants et de Bêtes couronnées.

Que de peuples ont perdu la raison en face de fantaisies moins insensées! L'empire romain, à pareil jeu, est devenu fou dans l'antiquité.

Et la France, à laquelle on a tendu toutes les vieilles coupes ébréchées du fanatisme, du despotisme, de la servitude et de la colère, a gardé son sang-froid. Elle est restée saine d'esprit.

Faisons comme elle. Dans ce combat de la raison et de l'insanité, de quoi s'agit-il? La question est, au fond, entre la rénovation et la décadence, entre la prospérité renaissante et la ruine consommée, entre la vie et la mort. Dans ces termes, la France, en répondant : *République*, a fait son choix. Nous le maintiendrons.

EDGAR QUINET.

XXXIII

ÉLECTION RÉMUSAT

DISCOURS DANS UNE RÉUNION ÉLECTORALE

Villefranche-de-Lauragais (Haute-Garonne), 10 octobre 1873.

Tout ce que je vois parmi vous me remplit de joie et d'espérance. Honneur au généreux citoyen qui se multiplie pour faire triompher la justice, la liberté, le droit dans l'élection de demain. Tant d'efforts pour le bien ne seront pas vains.

Vos adversaires se trompent ou vous trompent quand ils parlent de liberté, d'égalité. La première condition du gouvernement de réaction qu'ils pensent nous imposer, c'est l'inégalité; la seconde est la terreur. Croyez-vous qu'ils puissent faire reculer la France d'un siècle, sans violence? Non, cela leur est impossible. Ils sont condamnés à gouverner par la crainte; il faut qu'ils fassent entrer la terreur et l'oppression sous chaque toit. Ils parlent d'ordre et ils sont condamnés à mettre le désordre et la ruine en toutes choses.

Et sur quel droit appuient-ils leur prétention

de vous arracher vos droits? Sur leur bon plaisir. Ils ne donnent aucune autre raison, sinon qu'il leur plaît de vous dépouiller de ce que vous possédez légitimement.

Je ne reconnais à personne l'autorité de vous dépouiller des droits que vous avez acquis par quatre-vingts ans de travail.

Soyez certain que vos droits seront énergiquement défendus. Je dirai aux républicains de l'Assemblée ce que j'ai vu parmi vous. Ils en seront heureux; ce sera pour eux, une première assurance de la victoire nécessaire de la République sur ses aveugles ennemis.

XXXIV

ÉLECTION RÉMUSAT

Villefranche-de-Lauragais (Haute-Garonne), 6 octobre 1873.

Mon cher Calès,

Voilà une heureuse nouvelle. Après la lettre par laquelle M. de Rémusat accepte la candidature, j'espère qu'aucun républicain n'hésitera à voter pour lui. Jamais péril ne fut plus grand. Si la réaction l'emportait, vous verriez toutes les horreurs de la Terreur blanche.

Je sais bien que l'ancien régime et le droit divin finiraient encore une fois par être étouffés, sous la haine publique, par une révolution vengeresse. Mais quelle mer de sang et de larmes il faudrait encore traverser !

Républicains, patriotes de toutes nuances, évitez à la France de nouvelles calamités !

Votre ami dévoué,

EDGAR QUINET.

Villefranche, 8 octobre 1873.

Cher ancien compagnon d'exil,

Recevez un remerciment pour votre lettre. Elle nous laissait dans une incertitude qui heureusement est dissipée depuis que M. de Rémusat a fait sa déclaration. La conduite de votre comité électoral reçoit ainsi un éclatant témoignage. Dans une situation pareille, peut-il encore y avoir des dissidents? Non, je l'espère. Chacun sentira qu'il y va de la vie ou de la mort de la France. Puissé-je voir ici votre victoire. On y travaille activement autour de moi. Nous comptons sur le succès ; il est nécessaire, la France entière l'attend.

Votre affectionné et dévoué,

EDGAR QUINET.

Villefranche, le 10 octobre 1873.

Monsieur et cher concitoyen,

Voici encore un mot que l'on m'assure n'être pas inutile. Je me hâte de vous l'adresser pour qu'il puisse paraître demain dans *la Dépêche*.

Tout à vous,

EDGAR QUINET.

AUX ÉLECTEURS RÉPUBLICAINS DE LA HAUTE-GARONNE

Villefranche, 10 octobre 1873.

Mes chers concitoyens,

Un mot seulement sur une manœuvre de la dernière heure. Quelques républicains parlent de s'abstenir, ou, ce qui revient au même, de perdre leur vote sur un autre nom que celui de M. Rémusat. Je les adjure de renoncer à une pensée si funeste. Non, ils ne voudront pas être dupes de leurs ennemis.

Républicains, ils ne se feront pas, à leur insu, les auxiliaires de la royauté. S'abstenir, ou perdre son vote quand la lutte est engagée, qui peut y songer? Tous échapperont au piége. Voter pour M. de Rémusat, c'est voter avec la France républicaine. Là est le drapeau. Là est le droit chemin. Là est le salut.

XXXV

RÉPONSE AU CONSEIL GÉNÉRAL DE LA SEINE

Villefranche-de-Lauragais (Haute-Garonne), octobre 1873.

Messieurs et chers concitoyens,

Une Assemblée a-t-elle le droit d'anéantir la France? Une Assemblée a-t-elle le droit de dépouiller la nation de sa souveraineté nationale? Voilà, Messieurs, toute la question.

Vous niez ce prétendu droit, qui n'exista jamais que pour les usurpateurs. Je le nie avec vous, comme vous, parce qu'il offense ma raison. Je le nie avec la France, comme une prétention insensée qui deviendrait crime d'État sitôt qu'elle tenterait de se réaliser.

Je ne voudrais pas répéter les paroles que j'ai partout entendues de la bouche des paysans. C'est le cri redoutable de la terre de France. Entendez-le, s'il est encore temps, vous, à qui ce cri s'adresse.

Quand et où la France a-t-elle donné à ses représentants le droit de la dépouiller? Nous laisserions-nous enlever nos biens, notre avoir, notre propriété? Et quelques-uns parlent de nous dépouiller de notre propriété la plus chère, notre part dans la souveraineté nationale? L'avenir ne voudra pas croire à tant d'extravagance.

D'où viennent tant de complots qui se succèdent l'un à l'autre? Droit divin, République princière, présidence à vie? C'est que la notion élémentaire du pouvoir constituant a été empoisonnée dans son principe.

La Réaction, en France, est impunie depuis quatre-vingts ans, et elle a été pervertie par l'impunité.

Encore une fois, je répète que le pouvoir constituant n'est pas le droit césarien de tout faire, de tout renverser, de tout oser, de tout se permettre impunément au gré de sa fantaisie. Le pouvoir constituant n'est pas sans limites; il est le pouvoir de reconnaître, d'organiser ce qui existe. Or, le fait existant est la République. Voilà la seule légalité réelle, hors de laquelle il n'y a que fantaisie criminelle et déraison.

J'ai établi que, depuis qu'il y a des peuples civilisés, jamais assemblée n'a pris sur elle de proclamer une contre-révolution contre les institutions existantes. Prenez les unes après les autres toutes les sociétés qui ont passé sur la terre; vous n'en trouverez pas une qui ait donné à une assemblée le droit d'opter pour elle entre ces deux choses:

République ou monarchie. Et pourquoi cela ne s'est-il jamais vu ? Parce que cela répugne au sens commun, parce que c'est sortir de la réalité pour entrer dans le vertige ou la démence, et aucune nation n'a remis à la démence le soin de décider de son sort.

Mettre aux voix : République ou monarchie ? cela s'est vu une seule fois, mais sur le théâtre, dans une scène de déclamation, jamais dans l'histoire des choses humaines. Sommes-nous des comédiens ?

Il serait plus sage de tirer au sort les destinées de la France, à croix ou pile ou encore à rouge et noir.

Quel droit pareilles combinaisons de joueur peuvent-elles fonder ? Surtout quel respect ? Qui peut se sentir lié par des jeux de hasard que tout le genre humain réprouve ?

Vous n'avez, nous disent nos adversaires, ni mitrailleuses ni canons pour vous. Je réponds : Nous avons pour nous, nonseulement la France, mais l'espèce humaine de tous les temps, de tous les lieux.

Cela vaut, je pense, une mitrailleuse.

Et quel moment pour mettre la vie de la France à la merci d'une voix ou deux ? Celui où la France, par les quatre départements qu'on vient d'interroger, a répondu : République, de façon à se faire entendre des sourds. Et c'est dans quelques jours que l'on veut lui imposer, quoi? le Droit divin? l'ancien régime, Henri V, pour la bâillonner dans je ne sais quel drapeau, et, comme condition inévitable, la Terreur blanche, avec ses Verdets et ses Trestaillons!

Qu'ils y prennent garde, pourtant. La France a été vaincue ; elle a été démembrée ; du moins ses ennemis extérieurs la prenaient au sérieux. A tant de calamités que ses ennemis intérieurs n'ajoutent pas aujourd'hui la moquerie. Personne n'a jamais rien gagné à se moquer de la France.

La République est notre propriété commune; nous ne nous laisserons pas prendre notre propriété. La République est une famille ; nous ne nous laisserons pas arracher la famille qui nous unit. La République est la religion civile de la justice. Nous ne laisserons pas renverser la justice.

EDGAR QUINET,
Représentant de la Seine.

XXXVI

LEURS GARANTIES

Réponse aux signataires de la déclaration adressée aux représentants de la Seine.

Villefranche-de-Lauragais (Haute-Garonne),
21 octobre 1873.

Messieurs et chers concitoyens,

Votre Déclaration est bien digne de vous.

Il est certain que la nation française est dans un de ces moments où elle ne peut être sauvée que par elle-même.

On veut refaire au profit de la monarchie du droit divin un Deux Décembre plus odieux, que celui de 1851, puisqu'il prétend se masquer sous un voile parlementaire.

Suffit-il de se proposer un attentat pour que la France soit obligée de le subir ?

Et parce qu'elle a été écrasée, au Deux-Décembre, est-ce une raison pour qu'elle le soit toujours ?

Si les conspirateurs l'emportaient, ce serait le plus grand crime de l'histoire de France.

Ils osent vous parler des garanties qu'ils vous réservent. Ces garanties, vous les connaissez comme moi ; elles s'appellent : Terreur blanche, oppression, persécution sous chaque toit, cours prévôtales, commissions mixtes, exils, transportations, obscurantisme, dégradation politique et sociale.

Voilà ce que nous leur devons dans le passé ; voilà ce qu'ils nous apportent dans le présent.

EDGAR QUINET,
Représentant de la Seine.

XXXVII

PROJETS DE RESTAURATION

Discours à l'Union républicaine,
31 octobre 1873.

Que signifie la lettre de M. de Chambord ? Elle veut dire qu'il a compris lui-même l'impossibilité de son entreprise, qu'il veut s'en retirer sans se déshonorer, et qu'il remet à d'autres temps, ses projets de Restauration. Il a senti la répugnance, l'horreur de la France pour la conspiration monarchique, et il l'a détruite de ses mains en accumulant à plaisir, les difficultés, les impossibilités qui se dressent contre la royauté. Cette lettre veut dire que M. de Chambord se retire, s'enfuit devant le mouvement presque unanime de la France. C'est lui qui devait entrer en scène. Il a vu, mieux que ses partisans, qu'il ne peut pas forcer, ni affronter les résolutions de tout un peuple.

Voilà pourquoi il met aujourd'hui des conditions si monstrueuses à son rétablissement. Ce n'est pas seulement le droit divin qu'il invoque ; c'est l'esclavage pur et simple qu'il réclame. Il consent à monter sur le trône, en marchant sur la tête de trente-sept millions de Français.

Il sait lui-même que de pareilles conditions et de pareils termes ne peuvent être acceptés par aucune Assemblée. Il propose ce qu'il sait devoir être refusé. Les fantômes de Louis XVI et de Maximilien lui ont porté conseil dans la nuit.

Droit divin, droit de la force, drapeau blanc, il dresse lui-même comme un épouvantail toutes les incompatibilités qui le séparent de la France de nos jours. C'est dire clairement : Je me sens impossible devant les générations actuelles. Je me retire, je m'enveloppe dans mon drapeau. J'attendrai des temps meilleurs.

Voilà le sens de cette déclaration. C'est à vous de voir s'il vous convient de prendre acte de cette manifestation et de lui donner sa vraie signification devant l'opinion publique.

Il y aurait eu avantage de mettre dans tout son jour un fait capital, un véritable événement que quelques personnes s'obstineront peut-être encore à obscurcir. La lumière est faite, cela est vrai ; elle est visible à tous les yeux. Vous la rendriez visible aux aveugles eux-mêmes.

XXXVIII

PRÉSIDENCE PRINCIÈRE

Discours à l'Union républicaine,
31 octobre 1873.

Le danger de la Monarchie légitime est écarté. Une autre embûche s'ouvre devant nous. Je veux parler de la *Présidence princière de la République,* déférée à M. le duc d'Aumale. Oui, voilà le nouveau péril qui domine notre situation. Je n'ai cessé de le signaler dès le temps où nous nous réunissions dans la salle du Jeu de Paume, à Versailles, en 1871. Battus sur la Royauté légitime ou constitutionnelle, nos ennemis (car je ne puis leur donner un autre nom) se rallieront dans cette intrigue nouvelle, la Présidence, ou le *Stathoudérat du duc d'Aumale.*

Voilà pourquoi on l'a appelé à un grand commandement, pourquoi il préside, à cette heure même, le conseil de guerre appelé à juger M. Bazaine.

Voilà pourquoi on l'a présenté aux classes dirigéantes comme un futur sauveur dans toutes les occasions. Ce sera la *République sans Républicains*, qui est encore le *Credo* politique de tant d'hommes qui nous entourent. Déjouer cette conspiration nouvelle, voilà la tâche qui s'offre à nous aujourd'hui.

Les étranges amis que nous avons à cette heure seront nos ennemis acharnés, dès que nous les aurons aidés à revenir au pouvoir.

XXXIX

LA RÉPUBLIQUE EXISTE

Discours à l'Union républicaine,
3 novembre 1873.

Ce qui a plongé la France dans le chaos, c'est l'obstination de l'Assemblée nationale à refuser de voir ce qui est. Elle nie l'évidence. Sortons de cette absurdité ; elle engendre des monstruosités. La République existe ! Elle est écrite dans les lois ; elle est la réalité par excellence. Je demande que les considérants de la proposition que l'on a l'intention de faire, commencent par ces mots : La *République existe.* Si la majorité refuse de voir *ce qui est*, elle se déclare aveugle, elle se perd dans l'absurde. Pour nous, nous aurons constaté ce qui est indubitable, non pas seulement une opinion, mais un fait : l'existence de la République. Nous sortirons des sophismes. Nous prendrons pour point de départ l'*évidence*. C'est ainsi que se fondent les gouvernements et les institutions durables. Laissons à nos ennemis les joies de la démence ; nous avons celles de la raison.

XL

LA RÉPUBLIQUE SANS RÉPUBLICAINS

Discours à l'Union républicaine,
3 NOVEMBRE 1873.

Une tâche délicate à remplir, consisterait à observer s'il est encore dans les intentions des libéraux d'extirper les *Radicaux*. Est-ce pour cela surtout qu'ils présentent les lois constitutionnelles? Sont-ils décidés à ne les modifier en rien? Veulent-ils continuer à réaliser le plan : la *République sans Républicains ?* Il est vraiment indispensable de s'assurer de leurs secrètes intentions à cet égard. Car, s'ils persévéraient à vouloir extirper ce qu'ils appellent les Radicaux, ce serait vouloir exclure presque toute la nation ; et, dans ce cas, je pense que personne d'entre nous ne pourrait donner la main à pareille entreprise.

Nous venons d'assister à un admirable réveil de l'opinion des masses ; il ne faudrait pas laisser le mouvement national se convertir en une nouvelle intrigue, dont nous deviendrions nous-mêmes les dupes et les instruments.

Veut-on encore une fois faire disparaître la nation, pour ne laisser qu'une coterie ? Est-ce là ce qui est au fond des projets du Libéralisme ? Je demande que nous fassions tout ce qui est possible pour nous en assurer.

XLI

LES PIÉGES

Discours à l'Union républicaine,
4 NOVEMBRE 1873.

Ne faisons pas la faute que commettent tous les autres partis. N'oublions pas, comme eux, *le pays*, car il est avec vous, derrrière vous. En l'oubliant, vous vous ruineriez vous-mêmes. Selon lui, c'est vous qui portez le drapeau de la République. C'est vous qui avez fait les élections (je l'ai vu de mes yeux). C'est vous qui êtes allés chercher les paysans à la charrue, pour leur ouvrir les yeux. C'est vous qui venez de les émanciper.

Voilà certes une grande situation, et comment pouvez-vous la conserver? A une seule condition, c'est que vous conserverez l'estime du pays. Or, que vous demande-t-on? De vous déconsidérer, de vous perdre vous-mêmes, en portant au pinacle (à la vice-présidence de l'Assemblée), qui? L'un des chefs de la *conspiration décembriste!* On vous propose de prendre par la main les décembristes pour les relever et leur rendre le pouvoir. Combien sont-ils? Vingt et un. Et c'est à ces vingt et un conspirateurs que les Républicains appelés Radicaux soumettraient leur conscience dans un des actes les plus importants de la vie parlementaire? Non, cela ne sera pas. Cela n'est pas possible. Et les termes mêmes dont on s'est servi pour soutenir cette proposition (en la qualifiant d'*immorale*, et pis encore), suffisent pour montrer qu'elle ne peut affronter l'examen. Le parti républicain a, avant tout, son honneur à garder. Y renoncer, c'est périr.

Ainsi, vous saurez vous défendre des piéges bonapartistes. Mais il y a d'autres embûches qui peuvent vous être tendues par vos alliés d'aujourd'hui. Etes-vous sûr des libéraux? Leur maxime, c'est la République sans les Républicains, c'est-à-dire sans vous, sans les masses de la nation. Quelqu'un peut-il dire que les hommes dont je parle aient renoncé à cette absurdité? Hier, ils se vantaient de vous expulser, vous et la nation presque entière, de la vie publique. *La République sans les Républicains*, c'était là le fond de leurs discours, c'était la règle uniforme de tous les libéraux. Ont-ils changé de maxime? Ont-ils renoncé à faire de la République et de la nation une *coterie*? Voilà ce qu'il faut savoir à tout prix, si nous ne voulons pas marcher à l'aveugle. Jusqu'où suivrons-nous nos alliés, s'ils veulent surtout se servir de nous, pour nous perdre d'abord dans l'estime publique, et plus tard par les lois qu'ils feront contre nous et la France républicaine ? Sachons si nos alliés s'obstinent à nous extirper. J'invite nos amis à ne rien négliger pour s'assurer de ce point et pour éclairer l'embûche. Que l'on nous dise si l'on nous tend la main pour nous entraîner à notre perte.

XLII

PROROGATION DES POUVOIRS DU MARÉCHAL DE MAC-MAHON

Discours dans les bureaux.

7 novembre 1873.

Dans la précipitation qui nous emporte, la réflexion nous manque. Je suis obligé de réduire mes objections à quelques points principaux. Je saisis au passage quelques-unes des impossibilités que le projet soulève.

On veut, dit-on, un pouvoir fort et stable. Mais il n'y a qu'une condition pour les pouvoirs de ce genre. C'est d'être d'accord avec l'opinion publique.

Si, au contraire, on declare la guerre à l'opinion générale, on a beau armer le pouvoir contre les vœux, les désirs, les volontés de la nation, il reste faible et chancelant. Il est assis sur le sable; et comme sa faiblesse se montre en toutes choses, on augmente indéfiniment ses prérogatives. On l'exagère, jusqu'à ce qu'il devienne une énormité qui se détruit elle-même. Voilà l'histoire de tous les pouvoirs que nous avons vus naître et crouler par l'excès même des prérogatives qu'ils s'étaient attribuées ou dont ils avaient été investis.

Quel est la nature du pouvoir exécutif que l'on vous propose d'établir pour dix ans? Est-ce une République? Non, car ce pouvoir dictatorial que l'on vous demande pour dix ans, c'est la forme de gouvernement par laquelle on détruit la République et toutes les institutions libres.

C'est ainsi qu'a été anéantie la liberté après le 18 brumaire. On n'a pas tardé à donner le pouvoir exécutif au premier consul pour une durée de dix ans. Le général Bonaparte avait fasciné les yeux de ses contemporains. Ils lui ont accordé ces dix ans qui vous sont réclamés aujourd'hui. Ce fut la ruine de la République et l'inauguration du despotisme. La vie publique disparut devant la volonté d'un seul. Qu'en pense aujourd'hui la France? La France ne veut pas recommencer aujourd'hui le jeu dans lequel elle a péri trois fois.

Dix ans de pouvoir dictatorial! Où donc est le droit de suspendre ainsi la vie politique de la France, en la mettant à la merci d'une seule volonté? Ce droit n'existe nulle part, il n'appartient à aucune assemblée; c'est donc le régime de la force qu'il s'agit de substituer aux lois qui gouvernent les peuples civilisés.

Et quelle stabilité peut se promettre un régime que l'on a pu déjà accuser à la tribune d'être illégal, extra-légal, sans valeur? Il n'est pas possible d'oublier ces qualifications. La durée de ce système est d'avance ruinée par l'illégalité.

Où sont les Français qui auront à gagner quelque chose à cette substitution perpétuelle de la force au droit national? Je dis que tout le monde serait trompé par cette abolition du droit. Ce n'est pas la royauté qui sortirait de ce régime militaire. Non. Tout au plus vous verriez, comme dans quelques sociétés de l'Amérique du Sud, les sauveurs succéder aux sauveurs, les dictatures aux dictatures, au milieu de révolutions continues. Le régime proposé est fait pour extirper la République.

Mais il ne vous mènerait pas davantage à la royauté. Il vous conduirait dans une de ces régions sans nom, où rien ne peut croître, hormis un césarisme barbare et précaire, entremêlé de révoltes dans lesquelles s'exténue la vie des peuples.

Je veux croire encore qu'il n'y a personne ici, ni ailleurs, qui ose proposer pour la France un avenir indéfini de mort et d'esclavage politique.

XLIII

DES POUVOIRS PUBLICS (1)

Versailles, 17 novembre 1873 (2).

Tout le monde répète ce mot : *Il faut sortir de la crise*. Sans doute, il faut en sortir. Mais qu'entend-on par la crise? C'est ce que l'on ne nous a pas dit.

Elle n'est pas nouvelle, quoi qu'on en puisse penser; c'est un mal qui date de loin.

La France voit une contradiction absolue entre les déclarations officielles et les actes; entre ce qu'elle veut et ce qui se fait; entre ses intentions formelles et ses gouvernements. Ses élections se font dans un sens, sa politique est dirigée dans un autre ; elle veut la liberté, et les gouvernements lui imposent le contraire. Aussi longtemps que cette contradiction existera, la crise continuera d'exister.

Quel remède apportent à ce mal profond, les projets

---

(1) Pages posthumes.
(2) Cette séance a été remplie par le Message de M. le maréchal de Mac-Mahon.

qui nous sont soumis? Fortifier le pouvoir exécutif!

Oui, ce remède est celui que nous ont offert tous les pouvoirs que nous avons vus depuis quatre-vingts ans crouler l'un sur l'autre.

Tous se sont mis en route, en guerre avec l'opinion publique, et, sentant leur faiblesse, ils ont demandé des armes nouvelles, extraordinaires, qui bientôt ne leur ont pas suffi. Il a fallu ajouter des priviléges à leurs priviléges, jusqu'à ce que tout se soit brisé dans leurs mains. C'est là l'esprit qui a détruit l'un par l'autre et le pouvoir et la liberté. Ne nous obstinons pas dans cette voie; la nation elle-même y périrait.

On a répété à la France que ce qu'il lui faut, c'est une République sans républicains, un gouvernement pris à l'essai, une assemblée dont la puissance serait sans limites, comme si dans les choses humaines tout n'avait pas sa borne. Ces idées ont montré leur impuissance; la France aspire à en sortir. Elle ne trouvera la sécurité, que lorsqu'elle sera régie par ces vérités qui sont le domaine de toutes les nations libres.

Que vous propose-t-on? De proroger de cinq ans, de sept ans, ou de dix le pouvoir exécutif dans les mains de M. le maréchal de Mac-Mahon. Voilà, dit-on, le remède aux maux dont souffre la France. Je dis que ce remède est un empirisme sans effet.

Que demande la France ? des institutions libres, sincères, régulières ; et dès les premiers pas vous sortez des conditions du problème à résoudre. Vous donnez à la magistrature suprême une durée qui ne peut se concilier facilement avec une République ; et pourtant vous affirmez qu'il s'agit de constituer, d'organiser la République. Pourquoi donc organiser un pouvoir qui ne peut se concilier naturellement qu'avec la préparation d'une royauté, ou plutôt d'un césarisme nouveau. Vous savez où ont abouti les dix années du premier consul, et vous proposez pour fondement de la République cinq ou plutôt sept années de pouvoirs d'un nouveau premier consul.

Vos prémisses sont directement contraires à vos conclusions. Vous organisez le pouvoir d'un *Lieutenant général* du Royaume pour aboutir à la République. Or ces choses-là se repoussent, elles s'excluent. Le pays voit ces contradictions, et il y trouve un nouveau motif de s'inquiéter. Il sent très bien que ce chemin-là n'est pas celui qui mène au but où il veut arriver. Comment trouverait-il la sécurité, en trouvant toujours la même contradiction entre ce qu'il veut et ce qui lui est imposé ?

Aurez-vous du moins la stabilité ? Oui, nous dit-on, à condition que vous écriviez cette prolongation de pouvoirs dans les lois organiques ; non, si vous les écrivez ailleurs.

Ainsi, cette solidité dépendra uniquement de l'endroit ou vous inscrivez les cinq ou sept ans de prorogation. Comme si nous n'avions pas vu depuis le commencement de ce siècle, les lois faites pour un gouvernement, écrites en grands caractères et raturées, effacées presque aussitôt par les législateurs ou les événements qui ont suivi. Suffit-il qu'une chose soit écrite sur du papier pour qu'elle dure? Je croyais qu'elle devait être écrite dans le cœur et l'esprit du pays. Or, le pays ne comprend pas, ne comprendra jamais que, pour fonder une République, on pose pour première pierre un pouvoir autocratique, dictatorial, qui n'a de rapports véritables qu'avec la Royauté ou le césarisme.

Rien n'est plus terrible pour un peuple que de sentir sur sa tête un édifice dont tous les éléments se repoussent et s'entrechoquent, qui branle à chaque heure, et doit nécessairement crouler. Voilà comment vit la France, sous cet échafaudage d'impossibilités, chaos de monarchies, de césarisme, de Bas-Empire, sous le nom de République. Prenez donc enfin l'esprit du gouvernement dont vous portez le nom! Alors, mais seulement alors, la France respirera, revivra.

Vous n'êtes pas sûrs que l'Assemblée vote les *lois constitutionnelles*, et malgré cette incertitude, vous accordez à peu près tout ce qui vous est demandé, comme si les lois constitutionnelles étaient déjà votées. Est-ce ainsi, vraiment, que se fonde la liberté chez un peuple? Accorder d'abord le pouvoir plus ou moins absolu et ajourner à des temps inconnus les garanties qui doivent le limiter, je sais bien que c'est là ce qui a été fait le plus souvent en France ; mais aussi je sais que c'est par là que nous avons péri. Il s'agit de sortir de l'ancienne voie désespérante, et non d'y rentrer.

On demande s'il est bien certain que la France puisse s'habituer à se gouverner elle-même. Prenez garde que cette question est celle qu'ont posée tous ceux qui se sont fait ses maîtres. Ils ont tous craint que la France fût incapable de se conduire, et se sont bien vite convaincus qu'elle ne le pouvait pas. Une fois cette persuasion arrêtée chez eux, ils se sont mis à sa place. Ne rentrons pas dans la théorie des Sauveurs.

En résumé, si dix ans de prorogation des pouvoirs du Président est le chemin évidemment rouvert à l'ancien despotisme, sept ans me paraissent une concession excessive et périlleuse. Je ne sais, ni ne puis savoir ce que seront les lois constitutionnelles que l'on se promet de rédiger. Mais il y une chose dont je suis certain : c'est qu'une République entourée d'institutions monarchiques ne peut donner aucune sécurité, parce qu'elle ne peut pas vivre.

Où donc trouver cette sécurité que tout le monde cherche ?

Il n'y a pour cela qu'un seul moyen. C'est de reconnaître ce qui est l'état légal, et d'y coordonner tous les éléments de nos institutions. Mais croire que l'on obtiendra la paix, en mêlant la République et la Monarchie, l'autocratie et la liberté, la dictature consulaire et la liberté moderne, un président militaire de sept ou dix ans et une Constitution républicaine, c'est une erreur qui peut tout perdre. On ne fait pas la paix dans les esprits, en portant la guerre dans les institutions. Ce moyen-là, c'est le chaos. Il ne peut que tromper tout le monde. Car il ne conduit ni à la République ni à la Royauté constitutionnelle, mais à ce que j'ai déjà appelé ailleurs un césarisme barbare et précaire, c'est-à-dire à un dénouement que personne ne veut.

Qu'y a-t-il de changé par le Message? Le projet de la commission reposait sur l'idée de la connexité de la prorogation avec les lois constitutionnelles. Le président repousse cette connexité. Dès lors, le projet tombe ; il n'en reste rien.

Pourquoi M. le Président de la République repousse-t-il ce lien nécessaire de la prorogation de son pouvoir et des lois constitutionnelles?

Parce que, dit-il, la durée et le caractère de son pouvoir seraient soumis a des *réserves* et des *con-*

ditions (suspensives). ***Parce que ce serait rendre son pouvoir incertain, et diminuer son autorité.***

Ainsi le pouvoir que l'on demande doit être *irrévocable*. De quelque manière qu'il soit exercé, il ne peut être révoqué par la nation. Dès lors, il est au-dessus non seulement de l'Assemblée, mais de la France. Qu'est-ce que cela, si ce n'est une autorité supérieure aux lois, indépendante de la nation, comme le pouvoir né du droit divin? C'est une période de *Monarchie légitime*, au milieu d'une période de République. Qui jamais a entendu parler de semblable énormité? Le président irresponsable, comme le roi, c'est à la fois la dictature et la royauté sous un masque de République. Non, rien de pareil ne s'est montré chez aucun peuple.

Si le pouvoir du Président était subordonné à des lois constitutionnelles, le pouvoir en serait altéré et l'autorité diminuée!

Ainsi toujours et partout, cette même ancienne pensée qui nous a ruinés tant de fois. Le pouvoir fort est celui qui n'a point de limites, qui ne consent pas à être réglé par des institutions; pour toute garantie, le bon plaisir d'un seul, ou, comme on voudra l'appeler, la Dictature, l'autocratie d'une personne. Voilà ce qu'ont enseigné quatre-vingts ans d'expérience. Le despotisme net, l'absolutisme sans phrase, voilà la solution à laquelle on nous ramène.

Que devient dès lors, cette assurance, à savoir que l'ère des révolutions est fermée ? Elle suppose que des gouvernements vivront en paix avec l'opinion publique, qu'ils défèreront aux vœux, aux avertissements de la conscience de la nation. Mais si, au contraire, des gouvernements de combat sont établis contre les libertés publiques ; s'il s'agit toujours de réprimer l'essor, le développement de la France, de la forcer de penser, de vouloir ce que ses ministres veulent, alors les mêmes causes produiront les mêmes effets. Ce combat organisé contre les volontés de la nation, finira comme il a fini en 1830 et en 1848. La nation reprendra elle-même ce qu'on lui aura soustrait ou arraché. Que personne ne se fie à ces gouvernements de combat. Jusqu'ici, ils ont tous fini par la Révolution victorieuse ; et rien au monde ne peut empêcher que le retour des mêmes causes produise les mêmes effets.

On nous parle de durée, de sécurité, de stabilité, et l'on nous jette dans une Révolution inconnue.

On nous demande d'armer de nouveau le *Gouvernement de combat* contre la nation, et c'est le combat, le défi, la provocation qui ont amené toutes les révolutions précédentes. Ne refaites pas exactement les mêmes fautes que dans le passé, si vous voulez éviter les mêmes châtiments ou de ires encore.

XLIV

PROJET DE LOI SUR LES MAIRES

Discours dans les bureaux.

2 décembre 1873.

Messieurs,

Il est un moyen qui ne peut tromper, quand il s'agit de juger les projets de loi qui nous sont soumis.

Ces projets doivent-ils servir à la régénération ou à la décadence de la France? Voilà la question qui domine et résout toute question. Je me demande, à ce point de vue, où conduit le projet actuel; la réponse ne peut être douteuse.

Si quelque chose sert à mesurer la vitalité d'un peuple, c'est la vitalité de ses institutions municipales. Même chez les peuples conquis, asservis, tout peut renaître, s'ils conservent la vie communale à leur foyer.

Mais extirpez ce germe d'indépendance, étouffez ce foyer, vous attentez à la vie même de la nation. Ce n'est pas seulement arrêter le développement normal d'un peuple, c'est le frapper au cœur. Et pourquoi donc frapper la France au cœur?

Par quelle institution se montre surtout la vie communale? Par l'élection des maires. Or, c'est cette élection que détruit le projet de loi dans les chefs-lieux de département, d'arrondissement, de canton, et jusque dans les moindres villages.

Oui, il s'agit d'abolir la vie communale partout où elle peut se retrancher. Il s'agit de détruire le principe de vie dans chaque fibre du corps social.

Ne demandons plus si c'est un projet de régénétation ou de décadence. C'est un projet de ruine : la décadence est écrite à chacune de ses lignes.

Ceux qui se souviennent ne me démentiront pas si j'ajoute : le plus grand reproche que toutes les écoles libérales aient fait à l'ancien régime, est d'avoir aboli par degré la vie municipale dans la France entière.

C'est ce même esprit d'extirpation et d'asservissement qui se retrouve dans le projet actuel. Il veut détruire, en un jour, ce que l'ancien régime a mis des siècles à détruire.

La France a besoin de se réparer. Le projet la rejette dans le cercle des peuples privés de ce qui est le premier élément de la vie publique.

Il place la France au-dessous de tous les peuples libres d'Europe.

Il pousse notre pays à une nouvelle chute quand la France n'aspire qu'à se relever.

Il blesse ses instincts, ses vœux, il étouffe sa volonté.

Il fait asseoir la police centrale, politique à chaque foyer.

Je repousse ce projet comme une loi de combat contre la France, comme une loi de décadence et de barbarie.

XLV

PROPOSITION CASIMIR PÉRIER

Discours à l'Union républicaine.

15 juin 1874.

Où nous conduisent les auteurs du projet qui nous est soumis au nom du Centre gauche? Voilà ce que je veux examiner en peu de mots.

Ce projet ne peut se passer du centre droit. C'est donc une nouvelle édition de la conjonction des centres. Vous savez ce qu'elle a produit jusqu'ici, une série de mécomptes. Ce que nous avons vu jusqu'à ce moment, se reverra aujourd'hui, selon toute vraisemblance. Le projet sera rejeté par ceux sur lesquels on s'obstine à compter, malgré les expériences passées.

Mais ce projet lui-même, quel est-il? Je vois bien ce mot de gouvernement de République. Cela est vrai. Mais, chaque jour, je lis des lois promulguées par le Président de la République. Il est bien évident que s'il y a un président de la République, il y a aussi un gouvernement de la République.

Le projet n'ajoute donc rien à l'état présent des choses.

J'arrive à l'idée fondamentale. Le gouvernement de la République se compose de deux Assemblées.

Nous savons dans quelle catégorie doit se renfermer la première, celle qu'on appelle le *Sénat*. Suivant le mode de composition qui a été proposé, les préfets de l'empire, les généraux de l'empire, les députés de l'empire, les évêques, les cardinaux, en feront certainement la majorité.

Vous aurez donc dans l'hypothèse la plus favorable une Chambre haute royaliste, impérialiste, et une Chambre basse, républicaine. Ainsi la République et l'empire seront aux prises légalement, dans le fond même de la constitution. Cela peut-il se concevoir? Et ces deux Assemblées, l'une monarchique, l'autre républicaine, voilà ce que quelques-uns appellent le salut de la France.

On avait, dans la première forme du projet, inséré un article sur la révision, comme si ce qu'il y avait de plus pressé pour sortir du provisoire était d'annoncer un provisoire nouveau. Encore dans la première forme, la révision ne pouvait être prononcée sans les garanties établies par la Constitution de 1848. Mais ces garanties on les a effacées, et c'est la révision toute nue que l'on offre au centre droit, pour qu'il puisse, à son gré, faire et défaire la République. Et tout cela, dit-on, est établi pour sortir du provisoire. Mais le provisoire c'est précisément ce qui nous est proposé. Ce que l'on prétend fonder on le détruit. On veut assurer la République, et on la met à la discrétion de ceux qui n'en veulent pas.

Combinaisons chimériques, d'où rien ne peut sortir que faiblesse et impuissance. Nous avons assez longtemps marché sur les sables mouvants; il faut enfin nous attacher à une idée solide ; et il n'y en a pas d'autres que celle de la Dissolution.

En suivant cette idée, nous avons la nation derrière nous. Toute autre combinaison lui échappe.

Je ne dis rien du pouvoir constituant, qu'il s'agit de reconnaître à l'Assemblée, avec la presque certitude d'être vaincu, même sur ce terrain. Abandonner notre position pour en prendre une autre où la défaite est presque certaine, est-ce sage? est-ce habile? C'est tout perdre à la fois.

Pour ceux qui, comme moi, n'ont cessé, dans les circonstances actuelles, de combattre l'idée de deux Assemblées faites pour se déchirer l'une l'autre, vous comprendrez facilement qu'ils ne puissent, dans ce vote, d'un projet qui renverse toutes leurs idées, aller au delà de l'abstention; c'est là une nécessité que vous ne leur imposerez pas.

XLVI

PROPOSITION CASIMIR PÉRIER

Discours à l'Union républicaine.

19 juillet 1874.

Il avait été convenu, je crois, que l'on demanderait la révision sur l'article 1er ; chacun aurait eu ainsi la liberté de voter ce qui concerne la République et de rejeter la Chambre haute. Je souhaite, pour ma part, que ce projet ne soit pas abandonné.

Car le grand obstacle à l'unanimité que nous désirons tous, c'est précisément la Chambre haute.

La Chambre haute, quel que soit le nom qu'on lui donne, voilà ce qui me frappe dans la proposition Casimir Périer.

Ce bloc enfariné ne me dit rien de bon.

Mais cette Chambre haute, que peut-elle être? Au point de vue politique, elle ne peut être qu'un instrument d'oppression.

Au point de vue social, c'est l'iniquité; une étroite oligarchie financière, c'est-à-dire le gouvernement le plus funeste, le plus insupportable de tous.

Par cette Chambre haute, vous rentrez dans le système du juste milieu que vous avez renversé en 1848. L'avez-vous renversé en 1848 pour le refaire en 1874 ?

C'est la domination d'un très petit nombre qu'il s'agit d'établir. C'est ce que vous avez combattu pendant toute votre vie.

Quelques-uns me disent : Cette Chambre haute, si nous la votons aujourd'hui, nous la supprimerons plus tard.

Ne le croyez pas. Dans notre pays, les fléaux, une fois établis, durent et s'invétèrent, surtout s'ils ont été consentis par ceux qui doivent les subir.

Souvenez-vous de cette maxime : Une République sans républicains. La Chambre haute est faite pour réaliser cette absurdité. On lui donnera le droit de dissoudre la Chambre basse, jusqu'à ce qu'on arrive à extirper tous les éléments républicains.

Nous sommes d'accord sur tous ces points, me dira-t-on, le projet est hostile à l'égalité, à la démocratie ; il ne laisse que le nom de République entouré d'institutions monarchiques et pourtant, il faut le voter.

Pourquoi ? — Nous nous en délivrerons plus tard.

— J'ai déjà répondu à cela.

— Ce projet, pour nous est une tactique. Il nous est nécessaire pour obtenir un ministère centre gauche qui proposera des élections républicaines.

— Et moi je vous dis : Ne quittez pas la proie pour l'ombre. J'appelle la proie, vos principes républicains, vos convictions formées. J'appelle l'ombre, le vain espoir d'avoir un ministère libéral. Prenez garde d'être dupe d'une illusion. Quand vous aurez amené votre pavillon, voté ce que vous ne voulez pas, mis sur vos épaules cette Chambre haute et l'oligarchie qui la suit, êtes-vous bien sûr que vos alliés ne deviendront pas vos maîtres ? Je n'en voudrais pas répondre. Je vois bien ce que vous abandonnez, je ne vois pas ce qui vous est assuré.

Le système des deux assemblées, la démocratie sacrifiée à une petite oligarchie, le régime restauré de Louis-Philippe, l'égalité mise sous les pieds de quelques-uns, voilà ce que je vois ; et pour compensation, un mot, la République entourée d'institutions antirépublicaines ! Franchement cela ne suffit pas.

Dans cette confusion presque universelle, où l'esprit public trouvera-t-il un refuge, si les républicains voilent eux-mêmes l'esprit républicain ?

Comment lutter contre le bonapartisme, cette

forme menteuse de la démocratie, si l'on se refuse à lui opposer la démocratie vraie, telle que vous l'avez toujours représentée?

Je m'arrête ici. Ces observations suffisent.

Vous n'avez jamais douté que de graves raisons peuvent seules me faire persévérer dans l'opinon que j'ai déjà exprimée ici à l'une de nos dernières réunions.

Un mot encore : le centre gauche déclare que si la proposition n'est pas admise, il demandera ce que vous avez toujours demandé et ce qui est la seule issue : la Dissolution. Cette raison s'ajoute à toutes celles que j'ai présentées, j'aurais pu ne pas en alléguer d'autres.

Je me résume dans ce mot : Persévérons.

XLVII

DÉCLARATION COLLECTIVE DE MM. EDGAR QUINET,
LOUIS BLANC, LEDRU-ROLLIN ET PEYRAT

24 juillet 1874.

Convaincus que le gouvernement de la République ne pouvait être organisé d'une manière stable et conforme à sa nature que par une assemblée républicaine investie à cet égard d'une mission spéciale par le suffrage universel, nous avions résolu de présenter sous forme de contre-projet, le jour de la discussion, la demande de dissolution dont nous vous envoyons le texte. Nous y avons renoncé, par un motif que chacun comprendra, en apprenant, la veille du débat, que la dissolution devait être proposée par les gauches réunies, dans le cas où la motion Casimir Périer serait rejetée.

Mais nous désirons que les considérants du projet qui avait été préparé par nous soient connus. Ils éclaireront le public sur les motifs qui nous ont portés à nous abstenir, dans le vote de la motion Casimir Périer, motifs qui ont puisé une force nouvelle dans le mouvement dissolutionniste qui s'était avec tant d'éclat prononcé dans l'Assemblée. Car, dès que ce mouvement faisait dépendre du rejet de la motion dont il s'agit l'espoir d'arriver enfin à la dissolution, nous ne pouvions contribuer, en adoptant la première solution, que nous trouvons mauvaise, à écarter la seconde, qui nous a toujours paru la bonne.

Voici le contre-projet dont il est question dans les lignes qui précèdent :

Les soussignés,

Considérant qu'il faut en finir avec le provisoire, parce qu'il déchaîne toutes les ambitions, trouble tous les esprits, arrête les affaires et paralyse le travail ;

Que l'organisation prompte d'un gouvernement définitif et durable est la grande nécessité du moment ;

Que ce gouvernement ne peut être que la République ;

Que la République existe de fait ;

Qu'elle existe en droit, toute autre forme de gouvernement étant inconciliable avec le suffrage universel.

Que, par conséquent, le gouvernement de la République n'est pas à *mettre aux voix*, mais à organiser ;

Que le droit de l'organiser appartient à ceux qui en ont reçu le mandat spécial du souverain ;

Que le souverain, c'est la nation ;

Que toute constitution faite en dehors de la nation serait un édifice bâti sur le sable et ne répondrait nullement à ce besoin du définitif qui est le plus impérieux des besoins du pays ;

Que l'unique moyen de sortir du provisoire est de rendre immédiatement à la nation l'exercice de sa souveraineté ;

Que telle est l'opinion du peuple, formellement exprimée par lui dans toutes les élections qui ont eu lieu depuis le 8 février 1871 ;

Que, jusqu'à ce qu'il soit fait selon la volonté du peuple, il n'y aura ni calme ni sécurité ;

Que, dès lors, tout projet conduisant à de longues discussions qui menacent de ne pas aboutir aurait pour effet de prolonger, en même temps que le provisoire, l'inquiétude des esprits et la crise des affaires ;

Considérant que, quelque opinion qu'on puisse avoir du système des deux Chambres — système que pour leur compte les soussignés repoussent absolument — on ne saurait, en tous cas, se prononcer sur ce point, sans savoir ce que la seconde Chambre sera et à quoi elle servira ;

Que ce serait voter l'inconnu ;

Qu'il y aurait péril suprême à faire instituer

une seconde chambre par l'Assemblée actuelle ;

Que ce serait courir le risque de placer face à face une seconde chambre monarchique et une première chambre républicaine ;

Que de là naîtraient certainement les plus funestes conflits ;

Que ce dénouement serait surtout à redouter, si le chef du pouvoir exécutif recevait le droit de dissoudre la première chambre, soit seul, soit d'accord avec la seconde ;

Considérant enfin que c'est dans une stricte adhérence au principe de la souveraineté du peuple qu'est la force des républicains, et que l'appel au peuple par voie d'élections générales est le meilleur moyen de combattre efficacement l'appel au peuple par voie de plébiscite ;

Ont l'honneur de soumettre à l'Assemblée le contre-projet suivant :

ARTICLE PREMIER.

Le gouvernement de la République sera organisé par l'Assemblée que le suffrage universel aura élue avec mission spéciale et nettement définie, de pourvoir à cette organisation.

ART. 2.

Les électeurs sont convoqués pour le dimanche

27 septembre 1874, à l'effet de renouveler intégralement l'Assemblée nationale.

EDGAR QUINET, A. PEYRAT,
LOUIS BLANC, LEDRU-ROLLIN.

XLVIII

AUX MEMBRES DE LA LIGUE DE LA PAIX ET DE LA LIBERTÉ

Septembre 1874.

Messieurs,

Je ne puis me rendre à l'invitation que vous avez bien voulu m'adresser. Je dois me réduire à vous envoyer l'expression de mes vœux et de mes sympathies.

Jamais notre Europe n'a eu plus faim et soif d'une parole de droiture, de raison, de vérité ; car on ne peut nier que l'appétit de la servitude ne plonge un certain nombre d'hommes dans une sorte de démence, où disparaissent toutes les notions les plus simples qui jusqu'ici avaient régi les sociétés humaines.

Prononcez-les, ces paroles de raison auxquelles les peuples aspirent. Aidez-nous à ne pas tomber dans la pire des barbaries, la barbarie hypocrite et subtile.

On a voulu espérer que l'ère des révolutions est close. Je commence à craindre que ce ne soit là une fausse espérance. La liberté seule pouvait fermer l'ère des révolutions. Prenons garde que la réaction ne la rouvre.

EDGAR QUINET.

XLIX

AUX ÉLECTEURS DE LA SEINE

Bagnères-de-Luchon, 30 septembre 1874.

Mes chers concitoyens,

L'élection de Maine-et-Loire est un événement mémorable, décisif, que je ne puis m'empêcher de saluer avec vous, non comme une promesse, mais comme une certitude d'avenir.

Il y a cinquante ans, quand nous affirmions publiquement la République, combien étions-nous ? On aurait pu facilement nous compter.

Chaque année la France est venue à nous. Et qu'ont pu contre nous, les interdictions, les proscriptions, les exils ? Ils n'ont servi qu'à augmenter notre nombre. Nous avons grandi par une progression continue, Maintenant nous aussi, nous pouvons dire à notre tour : Nous remplissons vos villes, vos places publiques, vos villages, vos campagnes.

Qui pourrait arrêter une semblable progression ? La République marche, elle s'avance avec la force tranquille, irrésistible de la conscience de tout un peuple ; et pour que la démonstration soit plus claire, elle nous vient d'un ancien foyer de la guerre de Vendée.

Quand la Vendée acclame la République, qui donc l'empêchera d'avancer? Qui la reniera?

J'ai vu son premier réveil incertain, il y a un demi-siècle ; je vois aujourd'hui sa victoire assurée. Pourquoi tant d'hommes, mes compagnons, qui ont travaillé à la préparer, sont-ils morts avant d'avoir eu leur récompense?

Nous avons pour nous les faits et la raison publique. Voilà notre force. Laissons à nos ennemis les sophismes et les impuissantes colères. Leurs alliances déraisonnables montrent leur désespoir. Ils ont le vertige, parce qu'ils se sentent tomber.

Pour nous, il ne nous est pas permis de douter, quand les choses parlent si haut. La République vit, la République vivra. La victoire définitive est une certitude non pas seulement politique, mais mathématique.

EDGAR QUINET,
Représentant de la Seine.

L

AUX RÉPUBLICAINS

12 février 1875.

Le bonapartisme est battu. Nous ne reverrons pas les assassinats et les proscriptions du Deux-Décembre. Quand le crime a perdu son audace, il a tout perdu.

Il ne vit, il ne s'accroît que par l'impunité. Montrez-lui dans l'avenir le châtiment possible, sa force de contagion disparaît.

Qui donc voudrait s'associer au crime pour le crime, quand il a perdu la chance?

Ce flot hideux recule : c'est à la vérité à s'avancer, à reprendre ce qui lui était enlevé.

La vérité, c'est la démocratie; elle a pu croire sage de se faire petite, en face d'une monstruosité qu'il était impossible de mesurer et qui trompait par son vide même.

Le jour s'est fait; revenons à la lumière.

Serait-il sage de renoncer aux conditions certaines de la vie publique, pour se préserver d'un fléau imaginaire dont on grossirait à plaisir les menaces et les chances d'irruption ?

Suffira-t-il d'annoncer la peste, pour que l'on renonce à respirer et à se mouvoir ?

Est-ce assez de prédire le bonapartisme pour que l'on se condamne d'avance à un nouveau Sénat conservateur, impérial, de 1814 ?

Nous précipiterons-nous dans le mal, pour vouloir l'éviter ?

Il y a des paniques pires que les défaites.

Nous avons acquis un grand nombre de vérités politiques qui sont notre force, telles que l'élection par le suffrage universel; le danger mortel d'une Chambre haute créée par le pouvoir exécutif à son image; l'impossibilité de donner pour base à une République des institutions monarchiques, ce qui est introduire la guerre dans le cœur même de la nation.

Voilà des choses élémentaires qui sont sorties pour nous de tous nos conflits, et qui surnagent encore sur l'abîme. Voulons-nous renoncer à ce qui est notre héritage et notre motif d'espérer ?

Je veux bien que la démocratie soit modeste, à condition pourtant de ne pas s'anéantir.

N'oubliez pas qu'en France chaque abus s'augmente quand il a été consenti : il est de nature chez nous que toute liberté diminue et toute servitude s'accroît. Ne consentez donc à rien de ce qui enferme une servitude, ne fût-ce qu'un point imperceptible. Car ce point grossira et deviendra un tout.

On cherchera, dit-on, l'extrême concession qui peut se faire à la domination du pouvoir d'un seul; on trouvera la limite extrême qui sépare la liberté de l'autorité absolue, et l'on se fixera à cette ligne intangible tracée entre la démocratie et la monarchie.

Illusion! Ces mondes-là ne sont pas séparés seulement par une ligne; quand on approche tant du pouvoir absolu, on y tombe.

Le vrai danger, c'est de vouloir appliquer à la grande démocratie l'esprit qu'on portait dans les combinaisons du régime de Louis-Philippe. Ce régime a expiré dans les étroites catégories; que serait-ce des grandes masses de la nation française? Elle étoufferait dans le supplice du garrot.

Où donc est le remède? Il est aujourd'hui où il était hier. On ne veut plus le voir, il n'est que plus certain. Il est dans la Dissolution.

Puisque vous êtes une démocratie et que vous ne pouvez ni ne voulez être autre chose, ayez confiance dans la démocratie un seul jour; vous en tirerez des merveilles.

Que de noires prédictions n'avait-on pas faites sur l'élection du 7 février 1875? Le peuple s'abandonnait, les esprits étaient changés. On allait voir le bonapartisme sortir victorieux des urnes; et il faudrait assister, tête basse, au crime triomphant.

Voilà ce qui se répétait en plus d'un lieu.

A ces craintes, comment la nation a-t-elle répondu dans Seine-et-Oise et dans les Côtes-du-Nord?

Elle a répondu : Interrogez-moi. Ayez confiance en moi. J'ai horreur, comme vous, du Deux-Décembre et de Sedan.

Si, en effet, le crime du Deux-Décembre a été condamné dans des élections partielles, que serait-ce s'il s'agissait d'un mouvement électoral auquel toute la nation prendrait part? C'est alors que vous verriez ce que peut la conscience d'un peuple, quand son heure a sonné pour le réveil.

EDGAR QUINET.

LI

LE SÉNAT

22 février 1875 (1).

Je dois à mes amis, je me dois à moi-même, de dire pourquoi j'éprouve une si profonde répugnance pour ce qu'on appelle aujourd'hui les lois constitutionnelles, et en partiulier pour la composition du Sénat. J'ai fait ce que j'ai pu pour vaincre cette répugnance; elle n'a fait qu'augmenter.

Voici quelques-unes des raisons qu'il m'a été impossible de vaincre.

Vous voulez fermer le passage au bonapartisme. Rien de mieux. Mais n'oubliez pas que le césarisme n'appartient pas seulement à la famille des Bonaparte; il a diverses voies pour arriver. Tout ce qui n'est pas institué dans l'esprit républicain, se trouve institué dans l'esprit césarien. Jugez à ce point de vue les projets qui vous sont proposés.

Je pourrais dire, d'abord, que le nom de Sénat

(1) Dernières pages publiées par Edgar Quinet. (*Note de l'éditeur.*)

porte avec lui-même sa condamnation, puisqu'il est d'origine césarienne, qu'il ne rappelle parmi nous que trahisons depuis Brumaire et 1814, et que le premier devoir du législateur est de choisir pour ses institutions un nom qui ne les voue pas d'avance au soupçon ou à la haine publique. Mais passons sur le mot. Voyons la chose.

D'où sortira le Sénat conservateur? Quelles seront ses origines ? C'est par elles qu'il convient de le juger.

La nation ne sera point consultée dans l'élection de cette Assemblée, qui disposera du présent et de l'avenir de la France. Ce sont des corps isolés qui décideront pour elle, quoiqu'elle ne leur ait donné aucun mandat à cet égard.

En premier lieu, c'est l'Assemblée actuelle des députés qui choisira, et, si elle le veut, dans son sein, les principaux sénateurs auxquels elle donnera la perpétuité. C'est-à-dire que les hommes qui se font connaître par leur plus grande hostilité aux vœux de la France recevront, pour récompense, la première place dans l'État. Vous espériez les voir rentrer dans la vie privée. Au contraire, on vous demande d'en faire les maîtres et les arbitres de vos destinées. On vous prie de les faire inamovibles. Cette même réaction, qui semblait épuisée et qui comptait ses derniers jours, on vous adjure de la renouveler, de la rajeunir, de la perpétuer.

En second lieu, le Sénat sera nommé par un collége de conseillers généraux et de conseillers d'arrondissement. Ici, l'issue est encore plus évidente. Vous avez trente voix pour vous, quatre-vingts contre. C'est le jeu qu'on vous propose. Trente pour la liberté, cinquante pour la servitude, et tout se décide à la majorité. Voilà les chances ; les accepterez-vous ?

Enfin, dernière et suprême condition : des délégués élus, un par chaque conseil municipal, parmi les électeurs de la commune. Vous entendez ceci : la plus petite commune rurale, la moins nombreuse, la plus reculée, la plus fermée au progrès, à la vie politique, pèsera autant dans la balance que les plus grands centres de lumière et de vie. Le moindre village, dans la main du clergé, étouffera la grande ville. Ici, l'ignorance n'aura pas seulement cinquante chances, elle aura toutes les chances, contre la civilisation. Si l'on voulait en finir d'un seul coup avec la vie publique, dites-moi, que trouverait-on de mieux ?

Plus j'examine ces projets, moins je vois par où la liberté peut se faire jour. Toutes les issues sont fermées à l'avenir.

Pour que tant d'esprits excellents, dignes, désintéressés, acceptent de pareilles solutions, il faut bien qu'ils aient des raisons qui m'échappent malgré mon désir de m'y soumettre. Quelles sont-elles donc? Je les ramène à une seule, la crainte du césarisme.

Ils voient ou ils croient voir une restauration possible de l'empire; et, dans la juste horreur qu'ils en éprouvent, ils deviennent moins difficiles sur les moyens de le combattre. Ils feraient volontiers comme ces hommes qui, pour repousser l'agression nocturne d'un bandit, se jettent sur la première arme qui leur tombe sous la main et se blessent eux-mêmes au lieu d'écraser le bandit.

Est-ce en votant pour la République des lois césariennes que l'on étouffera le césarisme?

Est-ce en faisant un Sénat à la Domitien que l'on extirpera l'empire?

Il n'y a qu'un moyen de l'anéantir pour jamais; c'est de créer, de fomenter l'esprit républicain.

Qu'est-ce que le césarisme? C'est la corruption de la République.

Encore une fois, il n'est pas besoin de servir la famille des Césars ou des Bonapartes pour être césarien.

Ne laissons donc altérer, dans aucune loi, ce qui est le fond de toute société républicaine, démocratique, car nous ferions nous-mêmes les Césars, en croyant les détruire.

Si nous laissions s'effacer l'esprit républicain, par prudence, par sagesse, par habileté; si la nation ne le voyait plus nulle part, ni dans les choses, ni dans les hommes, alors, mais alors seulement, il faudrait tout craindre.

« La France veut en finir. » Oui, sans doute ; elle le veut. Mais est-ce en finir que de recommencer l'immémoriale servitude ?

EDGAR QUINET.

LII

LE VOTE DU 29 JANVIER 1875 (1)

Que peut signifier pour moi le vote du 29 janvier ? Une seule chose : un sacrifice fait à la France.

Je savais, et l'Europe le répète, qu'il est question de sa ruine matérielle et morale; que des aveugles croient trouver une dernière chance dans le désespoir de mon pays. Je le savais, et des amis nombreux me le confirment; ils me montrent la France agonisante sous la Réaction; quelques-uns croient déjà voir l'ennemi profiter de cet accablement d'un grand peuple, rentrer chez nous par les portes ouvertes. On répète autour de moi le nom de la Pologne frappée de mort. On m'adjure de ne pas courir la chance de voir une autre Pologne perdue et perdue par nos divisions. Je connaissais ces dangers; j'en avais le sentiment autant que personne. Jugez-moi sur cela !

(1) Pages posthumes.

Que pouvais-je faire ? Négliger l'accessoire, ne voir que le capital. Voilà ce que j'ai fait. Dans le danger public, je me suis rallié au drapeau. Je n'ai vu que la France ! J'ai agi, voté pour la France, non pas pour autre chose.

Et maintenant, qu'y a-t-il de changé ? Qui pourrait croire que j'accepte un seul moment l'idée d'un Sénat, d'une Chambre haute, ou d'une Chambre de Seigneurs, moi qui ai toujours vu les Chambres hautes être l'instrument de la servitude immémoriale de la France. C'est le Conseil des Anciens qui enferme dans le piége de Saint-Cloud le Conseil des Cinq-Cents, et qui le livre à un esclavage de quinze ans.

Quant au Sénat, je me demande comment ce mot le plus odieux de la langue française, qui ne rappelle que forfaiture et trahison depuis 1814 jusqu'à 1870, a pu être relevé et choisi par des législateurs de nos jours ; comment ils n'ont pas reculé devant cet héritage de mépris et de haine nationale que ce nom seul inspire ? Je me le demande, et je ne trouve à cela aucune réponse ; car, enfin, il n'est pas indifférent de donner à une institution, quelle qu'elle soit, un nom qui éveille l'horreur ou la sympathie des contemporains et de la postérité. La première règle des législateurs est de ne pas faire maudire la loi avant même qu'elle ne soit édictée.

Dans ce désordre d'esprit, que reste-il debout ? Après le vote du 29 janvier, je vois subsister ce que j'avais établi avant. Si j'ai démontré quelque chose dans ma vie, c'est qu'il n'appartient pas à une Assemblée politique de faire ou de défaire une République, de décréter une révolution, d'improviser une société, de choisir, par assis et levé, entre la Monarchie, la République, l'Aristocratie, le Césarisme. Ces discussions appartiennent au théâtre, non à la réalité. Elles ne peuvent produire que la déclamation et le vide. Depuis que le monde existe, jamais assemblée n'a tranché ces questions. On pourrait ainsi discuter cent ans, sans faire un seul pas.

Si la République était fondée, si ses adversaires rentraient dans l'ombre, on pourrait tenter le jeu dangereux d'une seconde Chambre. Mais, sur le terrain branlant où nous sommes, comment y songer ? Quoi ! la Réaction n'est-elle pas assez armée ! Était-il si urgent de lui faire une forteresse ? Sommes-nous trop unis ? Faut-il se presser de créer deux institutions, dont l'une sera Républicaine et l'autre Royaliste ? Je crains que, dans ces combinaisons, il n'y ait que la réminiscence des monarchies tombées, et nul instinct des choses actuelles.

Ce qui est absolument certain, c'est que la République seule existe, c'est qu'elle est le fait, le droit qui domine tout, la vie même de la nation, qu'elle est identifiée à la France. Qu'on ne peut détruire la République sans détruire la nation française.

Est-ce à dire pour cela qu'elle ne court aucun danger ? Je n'irai pas jusque-là ; c'est parce que je crois qu'il y a un danger pour la France, que j'ai couru au drapeau, malgré les différences d'opinions sur des points importants.

Il y a deux manières de détruire la nation française. La première est de l'envahir du dehors ; la seconde est de l'envahir du dedans, et celle-ci n'est pas moins périlleuse que l'autre.

Contre l'invasion étrangère, il n'y a que les armes et encore les armes.

Contre l'invasion au dedans, il y a d'abord la persévérance, puis l'énergie croissante des esprits, puis la volonté invincible de ne pas retomber en servitude.

FIN

APPENDICE

APPENDICE

I

DÉFENSE NATIONALE (1)
1870

Hier, 18 octobre, j'ai eu, de quatre à six heures, un entretien avec Jules Favre, au ministère des affaires étrangères. En voici les points principaux. En entrant dans son cabinet où je le voyais pour la première fois, je lui dis : Je vous félicite de vos réponses à M. de Bismark, ces réponses sont des victoires. — Oh ! non, a-t-il répliqué d'une voix un peu triste.

— Pardon, c'est la victoire du Droit. Une nation qui tient ce langage ne peut être vaincue.

— Ils ont tant de science !

— C'est une science qu'ils ont apprise de nous et nous pouvons la leur reprendre.

— M. de Bismark a été bien...

(1) Voyez *Le Siège de Paris et la Défense nationale*.

— Dites-le mot : bien cynique. J'ai toujours pensé qu'il y a au fond de l'esprit allemand un ballon gonflé d'une vanité énorme ; nous pouvons percer ce ballon.

— Vous le pensez ?

— Oui. Vous avez fait tout ce que peut le ministre des affaires étrangères. Vous avez démontré que nous n'avons rien à attendre d'eux que barbarie et sauvagerie. N'espérez donc plus rien de la diplomatie, ni des négociations. Ce que vous avez été comme ministre des affaires étrangères, soyez-le désormais comme ministre de l'intérieur. C'est ce que je viens vous demander. Ils veulent, comme vous l'avez dit, notre anéantissement. Il s'agit pour la France d'être ou de ne pas être. Le moment est donc venu d'en appeler à toutes les forces vives de la France. Je viens vous parler de l'ensemble de la défense nationale ; c'est la question dont je suis presque uniquement préoccupé depuis mon retour à Paris. Écoutez-moi, mon cher ancien collègue. Tout ce que je vous dirai est le fruit d'une longue réflexion.

Jules Favre sait écouter, chose rare en ce temps-ci. Sa figure était dans l'ombre, je ne le voyais pas, mais sans parler il me montra qu'il était bien à ce que je disais. Je continuai ainsi :

— La défense de Paris est assurée. C'est le

point fixe, invulnérable sur lequel nous devons nous appuyer.

— Il est vrai, je n'aurais jamais tant espéré de cette population.

— L'avenir ne la louera jamais assez. Un pays qui a une tête semblable ne peut périr. Mais pensez-y bien, la défense intérieure de Paris n'est qu'un côté de la question ; elle en suppose nécessairement une autre ; c'est la formation d'armées de secours qui viennent tendre la main à l'armée de Paris.

— Certainement.

— Tout consiste donc à savoir comment nous formerons des armées de secours.

— C'est pour cela que nous avons envoyé à Tours Gambetta.

— Rien de mieux, mais je crains que nos amis n'aient l'idée de la levée en masse. Or, cette idée vague ne peut produire que des résultats vagues. Jamais levée en masse toute seule n'a produit des armées organisées. Que faut-il donc ? L'appel direct, positif de la loi. C'est bien en vain que l'on accuse la lenteur des habitants des campagnes. Vous connaissez comme moi le paysan de France. Avec la meilleure volonté du monde, que peut-il faire, s'il n'est dirigé, appelé, entraîné par la loi ? Rester à son foyer, défendre peut-être sa maison, son champ, son village, voilà ce qui est dans la mesure de ses forces individuelles. Voilà ce que peut donner le tocsin de la levée en masse.

Nous avons besoin d'autre chose : il faut que la loi vienne chercher le paysan, qu'elle lui dise : « Va au chef-lieu. Voilà ta feuille de route ; du chef-lieu tu te rendras au dépôt ; tu y sera incorporé dans tel bataillon, tel régiment. » Alors ce même paysan, une fois qu'il a cassé ses sabots, prend l'esprit de corps. Il devient membre effectif de la défense nationale. Il fait partie de cette armée de secours qui est la condition du salut de Paris et de la France. Mais encore une fois, il faut pour cela une voix qui le détermine et qui lui dise : « Lève-toi et marche. » Or, cette voix doit être celle de la loi, celle du gouvernement. C'est vous qui devez parler et donner l'impulsion que la France attend.

— Un de nos plus grands embarras est le défaut d'armes !

— Ne vous laissez pas arrêter par cette objection, que la routine vous oppose. Le général Leflô, ministre de la guerre, déclarait dans son dernier rapport qu'il y a dans les départements non envahis une réserve de sept à huit cent mille fusils. Je veux bien que ce ne soient pas tous des armes perfectionnées. Qu'on les remette pourtant aux bataillons à mesure de leur formation. Ces armes seront suffisantes pour la première instruction des hommes ; ils se formeront à l'école de peloton, de bataillon ; ils seront déjà des soldats tout prêts pour l'action, et vous échangerez leurs armes contre des fusils perfectionnés à mesure que la fabrication et le marché des pays étrangers vous fourniront l'armement nécessaire. Vous avez une grande flotte, vous êtes maîtres de la mer ; usez de cette supériorité pour vous approvisionner partout de fusils et d'artillerie.

— Un second embarras pour nous, est le manque de cadres.

— Faites ce que l'on a fait en 92. Vous le pouvez avec bien plus d'avantage, car vous avez les anciens militaires, dont je parlerai tout à l'heure. Nos bataillons de volontaires de 92 ne se sont pas faits tout seuls ; ils ont été requis par les autorités qui ne craignaient pas de commander, même dans les décisions qui semblaient les plus spontanées. Ces bataillons nommaient eux-mêmes leurs officiers, et c'est de là que sont sorties ces fameuses demi-brigades qui ont été l'honneur des armées françaises. Les vieux soldats ne manquent pas en France. Mais vous savez comme moi qu'ils ne sont plus aujourd'hui la condition première d'une bonne armée. La guerre est surtout chose d'instinct. Les vieux officiers, les vieux généraux ne sont pas les meilleurs. Nos généraux les plus fameux de la République étaient des jeunes gens ;

leurs plus belles campagnes ont été les premières. Pensez à Hoche, à Marceau, à Joubert. Ils étaient tous des conscrits. La meilleure campagne de Hoche est celle qu'il a faite à vingt-six ans. Nous avons péri à Wœrth, à Forbach, à Sedan, par la routine. Il faut donc à tout prix sortir de la routine ; et cette disette de vieux chefs n'est pas un si grand mal que vous pensez. Songez que, dans les armées nouvelles que je vous demande de former, il y a des Marceau, des Joubert inconnus que l'occasion et le danger révéleront. Agissons en conséquence, et nous serons sauvés.

— Je crois assurément, comme vous, que l'instinct est tout-puissant à la guerre.

— Puisque vous êtes d'accord avec moi sur la nécessité de former de grandes armées de secours, voyons donc quel est le moyen le plus pratique, le seul direct d'arriver à ce résultat. Ce que je vais vous demander vous est facile ; car vous êtes dans cette admirable situation que, pour nous sauver, vous n'avez pas besoin de recourir à des procédés extraordinaires. Non, ce que je vous demande, c'est de faire exécuter les lois. Le Corps législatif (cette odieuse assemblée) a été contraint, par la nécessité et l'évidence, de voter des lois de recrutement que vous devriez vous-même établir si elles n'existaient pas. Ce que j'attends de vous, c'est un décret solennel qui donne la vie et la réalité à ces mesures législatives. Quand verrai-je donc le décret suivant signé par vous et vos collègues :

« Sont appelés sous le drapeau, les hommes qui font partie des classes suivantes : le contingent de 1870, celui de 1871, les mobiles qui sont restés dans leurs foyers, les hommes non mariés de vingt-cinq à trente-cinq ans. »

J'ai estimé à sept cent mille hommes le total de ces différentes classes ; réduisez-les si vous voulez à six cent mille. Ce sont là des forces que vous ne pouvez négliger un jour de plus d'appeler en ligne. Elles sont sous votre main ; elles n'attendent que le commandement. Prononcez donc enfin ce mot d'ordre. Rendez les décrets que je demande, ou dites-moi ce qui vous retient encore. Vous devez à ce sublime Paris de lui montrer, non par des espérances, mais par des faits, qu'il a raison de compter sur le reste de la France. Vous devez à la France de lui faire savoir quelles forces immenses elle possède. Pour la rassurer, vous n'avez besoin que de la montrer à elle-même. Car jamais, depuis que le monde est monde, on n'a vu une grande nation regorgeant de population et de ressources de tout genre périr debout toute florissante ; ou, si cela s'est vu, c'est qu'elle n'était pas commandée. Que faut-il donc ? Une parole de vous à vos préfets, à vos maires, qui ne doivent avoir qu'une seule affaire, qui est de faire marcher au drapeau les hommes que la loi y appelle.

Et voyez le danger où nous courons, si ces mesures ne sont pas prises. On parle vaguement de rassemblements d'hommes qui s'opèrent à la voix de quelques chefs particuliers : M. Estancelin en Normandie, un autre en Bretagne ; on parle aussi d'une ligue du Midi. A merveille. Tout ce qui atteste l'élan spontané des populations concourt au salut public. Mais ces rassemblements ne peuvent néanmoins produire que des corps de partisans qui obéiront à des volontés particulières et peuvent même se trouver en dehors du plan de la défense générale. Pour que ces corps particuliers produisent tout leur effet, il faut qu'ils soient reliés entre eux par des armées nationales. Et celles-ci exigent, pour naître et se former, l'action des lois, telle que je vous la demande. Ne retombons pas dans la constitution militaire du moyen âge : une milice pour chaque province et point d'armée pour la France. Si l'on parle d'une guerre d'Espagne, n'oublions pas que l'Espagne avait des armées régulières espagnoles et anglaises qui ont amené les grands résultats des Arapiles, de Vittoria, auxquels les guérilleros n'auraient pu suffire.

Ces armées régulières nationales que je vous

demande, je les suppose formées par les moyens que je viens d'indiquer. Il reste à dire à quel point du territoire il faut les porter, où doit se faire la concentration. Les laisserons-nous disséminées à travers toute la France ? Voudrons-nous être forts partout, moyen sûr de ne l'être nulle part ? Non, je maintiens qu'il faut les tenir très unies, avec la certitude qu'elles pourront s'aider l'une l'autre. Cela admis, quel sera le point où elles devront exercer leur action décisive ? Laissez-moi me servir d'un exemple pour bien préciser ma pensée. La bataille de Marengo sera pour moi cet exemple ; elle a été perdue pour nous pendant la plus grande partie de la journée. L'aile gauche et le centre avaient été emportés. Il ne restait que l'extrême droite qui tenait encore ferme. Arrive, dans ces entrefaites, le corps d'armée de secours de Desaix. Où portera-t-on ce corps pour rétablir les affaires ? Un général médiocre n'eût pas manqué de l'envoyer au secours de l'aile gauche en pleine déroute et le corps de secours n'eût pas manqué d'être entraîné dans la déroute de cette partie de l'armée. Au lieu de cela, le général porte le corps de Desaix à l'appui de l'extrême droite, du point qui tenait encore... Il ajoute la force à la force et cela produit, au sein d'une défaite, la victoire de Marengo.

Aujourd'hui notre champ de bataille est tout

semblable : notre aile gauche et notre centre ont été emportés. Reste un point fixe, inébranlable, notre colonne de granit : Paris. C'est donc là, c'est donc au secours de Paris qu'il faut envoyer les forces principales dès qu'elles seront en état de se présenter devant l'ennemi. C'est par cette conception, en ajoutant la force à la force, que nous changerons encore une fois la défaite en victoire.

Mais (et j'entre ici dans le détail le plus précis), comment, dira-t-on, porter ces armées de secours sous les murs de Paris ? Comment affronter les Prussiens avec des formations nouvelles ? Comment, par quel chemin, venir tendre la main aux défenseurs de Paris, sous le canon de leurs forts ?

Cette question est de celles que j'ai le plus mûrement étudiées, et j'y ai été aidé par un des hommes qui connaissent le mieux la topographie de la France centrale, mon ancien collègue, M. Guichard.

Voici le résultat de ce travail :

Nous supposons, d'après les dépêches du gouvernement, une armée de secours réunie sur la Loire. Il s'agit de couvrir les approches vers Paris contre l'ennemi, supérieur en cavalerie et en artillerie. Par où la diriger ? La route directe d'Orléans à Étampes, que l'on paraît suivre jusqu'ici, est celle qui répond le moins aux nécessités où nous sommes. Elle ne peut conduire qu'à des échecs, car cette route en plaine, en rase campagne, est partout découverte. Elle n'offre aucun abri, et pas même un pli de terrain pour y cacher ses mouvements. Il faut donc bien se garder d'y engager, comme on semble vouloir le faire, les armées réunies qui doivent nous apporter le salut. C'est ici que la ligne droite et le plus court chemin risqueraient de n'aboutir nulle part.

Ce qu'il nous faut trouver, c'est un chemin couvert, à travers une région difficile, où une grande armée puisse pourtant se diriger jusqu'à Paris en étant protégée par la nature du terrain et les difficultés des lieux. Or, cette région existe, le chemin est tout préparé ; il faut partir, non pas d'Orléans, mais de Gien, en remontant un peu la Loire. De là, on entre dans la Puysaie, couverte de bois, où les forêts se joignent aux forêts jusqu'à celle de Montargis. Les étapes principales sont Bléneau, Saint-Fargeau, Saint-Sauveur, Charny, pays tout semblable au bocage de Vendée, où les champs sont parfois enfermés de haies. Le sol y est d'ailleurs imperméable, ce qui le rend impraticable dans la saison pluvieuse. C'est là qu'une armée nouvelle peut s'engager et se couvrir sans avoir à craindre la cavalerie et l'artillerie prussiennes. De la forêt de Montargis, elle touche à la forêt de Fontainebleau, de celle-ci à la forêt de Sénart (les forêts se tiennent comme les montagnes) qui la conduit aux portes de Paris. C'est là, à travers ces contrées peu connues de l'ennemi, où il n'a pas mis encore le pied, où il ne soupçonne pas que nous songions à nous porter, c'est là que peuvent être les Thermopyles de la France.

Si, en suivant ce bassin, on franchit l'Yonne de la rive gauche à la rive droite, on arrive par ces mêmes régions forestières à la forêt d'Orthe, à celle de Chaource auprès de Troyes, et là on se trouve sur les derrières de l'ennemi, à travers les communications principales par la route du Rhin.

En même temps que l'armée de secours peut ainsi couvrir ses approches, un autre intérêt presque égal dépend de l'occupation de ces routes forestières par les Français. Je veux parler du ravitaillement de Paris. Il se trouve, en effet, que le pays de la Puisaye et les chemins que je viens de décrire sont les communications les plus directes avec les régions de France où Paris puise son alimentation par les troupeaux de bétail, c'est-à-dire avec le Nivernais, le Bourbonnais, le Charollais et l'Auvergne.

Ainsi deux intérêts de premier ordre dans le choix de la direction des mouvements par la voie indiquée : Ravitailler Paris et couvrir les approches de l'armée des départements.

Ici je m'arrêtai. Jules Favre me dit d'un air pensif : Le général Trochu a un plan ; il ne nous dit pas quel est ce plan dans les détails, mais je suis frappé d'une chose : ce qu'il nous en a fait connaître ressemble beaucoup à ce que vous venez de me dire. Il faut que vous ayez avec lui un entretien.

— C'est ce que je désire depuis longtemps. J'aurais beaucoup de chose à ajouter.

Et comme j'allais le quitter, sur le seuil de la porte, en lui serrant la main :

— Je vous prie et vous supplie de penser à tout ce que je viens de vous dire.

II

PRÉFACE DE **PARIS, JOURNAL DU SIÉGE** (1)

Cet ouvrage a été écrit, jour par jour, au bruit des catastrophes, au milieu du bombardement. Ne cherchez pas ici un langage étudié. C'est le cri des choses.

N'est-ce pas aussi ce qui est le plus nécessaire ? Après l'invasion, ce qui nous menace, c'est la subtilité ; après les uhlans, les sophistes.

Si nos calamités doivent nous servir à quelque chose, il faut garder non pas seulement le souvenir des faits, mais l'émotion irréfléchie de chaque jour. Car c'est là ce qui s'effacera le plus vite. Bientôt les historiens érudits viendront, qui, au gré de leur système, altéreront l'esprit et le sens des événements.

Qui nous rendra alors l'impression première de ces désastres, s'il n'en reste pas quelque part un vestige dans la chronique émue d'un contemporain ?

(1) *Paris, Journal du Siége*, par Mme Edgar Quinet. — Dentu éditeur, 1873.

Comment l'âme humaine a-t-elle été frappée de la verge de fer? Quels cris a-t-elle poussés? Où étaient son espérance et sa force? Comment a-t-elle survécu sous tant de ruines? Voilà ce que je veux savoir dans toute histoire, et surtout dans la nôtre. Rien de plus rare que de trouver la réponse à ces questions.

Que ne donnerais-je pas pour qu'une âme véridique eût noté jour par jour ses douleurs, ses attentes, ses indignations, ses colères, ses espoirs, ses angoisses aux époques de bouleversement ou de rénovation du monde, pendant la Révolution de 89, sous la Terreur, sous les invasions de 1814 et de 1815? Je n'aurais pas à chercher, à recomposer péniblement l'accent de la nature humaine sous la cendre des événements.

Au lieu d'une science érudite, plus ou moins incertaine, je posséderais ce qu'elle ne peut ni donner ni refaire : le battement du cœur humain à chacun des grands jours du passé.

Pour moi, si je dois ajouter mon témoignage à celui d'un autre moi-même, je dirai que ces cinq mois du Siége de Paris ont été les meilleurs de ma vie, parce que ce sont ceux où j'ai vu la nature française atteindre sa plus grande hauteur.

Sous chacun des régimes que j'avais traversés, j'avais senti le même faux, le même vide effrayant; souvent je m'attendais, en pleine paix, à voir la

France s'abîmer dans le gouffre que chaque gouvernement creusait sous ses pas. Pour la première fois, je vis une France sans réaction, sans détours obliques, sans jésuitisme, sans servitude. Combien cela était nouveau pour moi! L'action conforme à la parole. Point de manéges souterrains, l'âme d'une grande nation qui planait sur la ville; plus de savoir-faire, chacun relevé et transfiguré; tous les visages rayonnants de l'éclat des bombes; le long mensonge dissipé par le voisinage de la bataille ; le fer et le feu ramenant les plus endurcis à la vérité, à la sincérité perdue ; une ville qu'on disait si légère et qui s'est trouvée avoir un cœur de bronze; inflexible tant qu'il lui est resté une bouchée de pain ; l'ennemi, qui avait compté sur la discorde, étonné de rencontrer, au lieu des petites passions d'un peuple vieilli, la patience, l'énergie d'un peuple neuf ; Sparte au lieu de Byzance.

Voilà le spectacle que j'ai vu et qui me reste présent. Heureux qui a pu le raconter avec vérité et le faire revivre une seconde fois !

Tant qu'il y aura une France, elle se retournera avec orgueil vers ces jours immortels.

Versailles, 23 mars 1873.

EDGAR QUINET.

III

Préface des **Sentiers de France** (1)

Un jour, des absents se bercent d'un beau rêve. Ils poursuivent longtemps ce songe, sans y croire.

Ils se disent, que si jamais leur pays se rouvre pour eux, ils en visiteront chaque sentier. Ils reprendront possession de cette terre qui leur est devenue sacrée, parce qu'ils la confondent avec la justice.

Le jour luit, en effet, où la France leur est rendue. Et ils vont, de lieu en lieu, toucher, reconnaître, embrasser les objets, les paysages, qu'ils avaient évoqués de loin, sans espoir de les atteindre jamais.

Pèlerinage enfin réalisé ; mal du pays changé en joie ; comme si pour celui qui retrouve son pays, la jeunesse revenait avec chaque brin d'herbe ; tel est ce livre.

---

(1) *Sentiers de France*, par Mme Edgar Quinet.—Dentu éditeur. Cette Préface a paru dans les journaux le 26 mars 1875.

Je me souviens d'un temps, où j'avais peine à me figurer des fleurs printanières, des paysages calmes ou radieux, sous un régime qui voilait et enlaidissait à mes yeux toutes choses. Pourtant, il est certain que les fleurs insouciantes s'épanouissaient et riaient de notre deuil.

A notre retour, nous avons voulu nous réconcilier avec elles. Comment, disions-nous, avez-vous bien pu sourire, pendant que nous étions proscrits ?

Elles se sont excusées de mille manières, en disant : « Ce n'est pas nous qui avons souri. Ce sont nos sœurs aînées ; et elles en ont été punies par les autans du Lauragais qui les ont flétries avant l'heure. Pour nous, nous n'avons vraiment souri que depuis votre retour. Venez vous en assurer. »

Voilà ce que nous ont répondu les fleurs.

Alors nous avons dit au printemps, au premier rayon du jour, à la mer de Normandie et de Bretagne, aux cascades des Pyrénées :

« Rayons du jour, vous vous êtes vêtus de pourpre et d'or, pendant que nous étions en deuil.

« Cascades, vous avez bondi de joie, pendant que nous étions assis, au loin, dans le silence, et dans l'oubli.

« Arbres des Pyrénées, vous avez dépensé vos

parfums de résine, pendant que nous pleurions sur vous. »

Et tous ont répondu à la fois : «Vous vous trompez, on nous a calomniés. Nous nous sommes vêtus de givre et de neige, tant que vous avez été exilés. »

La mer de Bretagne nous a dit à Pornic : « Aussi longtemps qu'a duré votre absence, je n'ai roulé que des flots noirs et amers. Demandez-le à mes rivages. »

En les entendant, nous nous sommes laissés convaincre. Nous avons cru aux caresses et aux serments des fleurs, des flots, des cascades, des brins d'herbe.

Et pourquoi ne pas les croire ?

Qui n'a besoin aujourd'hui de croire à la terre natale ? Qui ne cherche un refuge dans les lieux solitaires, pour y reprendre haleine ? C'est au fond des forêts que s'exhale l'espérance. Venez la cueillir avec nous dans les bruyères. Elle germe, elle vit, elle parfume les champs, en dépit des orages. Entrons dans *ces sentiers*, d'où elle n'a pu être déracinée un seul jour.

Si quelque chose parle dans ces pages, c'est la foi invincible dans la France. L'auteur semble dire à chaque pas : « J'en jure par la verveine, par la vague, par la source cachée, par le nuage errant : ma foi dans la France ne sera pas trompée. »

Qui aurait jamais pensé que l'amour du pays eût besoin d'être ranimé dans les cœurs? Ce ne sont pas des raisonnements qui feront ce miracle. C'est la terre elle-même qui parlera aux hommes par la voix des choses, des lieux aimés, Les oiseaux aussi crieront : « Prenez pitié de cette terre de France : elle est faite pour être libre comme nous ! »

Que ne puis-je rendre la voie facile à ce livre écrit avec tant de piété ! Je le confie à mes amis. Ils y trouveront un écho des solitudes de France, le souffle des grands bois, la paix où se retrempent les forts, et quelquefois aussi un peu d'airain sous des touffes de fleurs.

EDGAR QUINET.

17 février 1875.

FIN.

NOTES.

Dix ans se sont écoulés depuis le siège de Paris. Des comptes rendus sur les publications patriotiques de cette époque n'étaient guère possibles au milieu de nos désastres. Mais voici qu'un éminent écrivain, un des combattants les plus intrépides de la Défense Nationale, vient de consacrer à la vie d'Edgar Quinet, des pages, qui se rapportent particulièrement au temps héroïque du siège de Paris. A ce double titre nous les reproduisons à la fin de ce volume :

Le **Siècle** (1er septembre 1880).

« LES SERVITEURS DE LA DÉMOCRATIE.

EDGAR QUINET

I

Toutes les parties de la France ont contribué à donner à notre démocratie les glorieux serviteurs dont elle est fière. Nous devons à Rouen Armand Carrel, à Besançon Victor Hugo, à Carcassonne Barbès, au département de la Meurthe Charras, à Cahors Gambetta, et à la petite ville de Bourg, dans l'Ain, Edgar Quinet. Celui-ci représente dans notre parti l'éloquence philosophique. Par l'étendue de sa science, par ses facultés généralisatrices et la hauteur de l'inspiration, Edgar Quinet est un homme hors ligne. Toutes les fois qu'il a traité un sujet d'histoire, de philosophie, de controverse religieuse, il a jeté sur ces questions des lumières nouvelles et éclatantes. Sa réputation dépassa promptement les frontières de notre patrie. En Angleterre, en Espagne, en Italie, en Allemagne, en Grèce, en Hollande, en Suède, en Suisse, les lettrés regardaient Quinet comme un écrivain admirable et un penseur éminent. Le poète humoriste Henri Heine, celui-là même qui s'intitulait : « *Prussien libéré* » et se moquait volontiers de tout et de tous, rend hommage dans son livre sur *Lutèce* à Edgar Quinet.

Quant à nous, nous avons à considérer en lui un professeur qui a puissamment contribué à émanciper la jeunesse française et un patriote qui s'est toujours montré dévoué au pays et à la République.

II

Ce siècle avait trois ans lorsque naquit Edgar Quinet. Il fut un enfant précoce, et promit dès ses premières années de devenir un homme remarquable. Et cependant quelle singulière éducation il reçut ; il fut tour à tour l'élève d'un soldat qui savait à peine lire, d'un prêtre qui ne connaissait que son bréviaire et de professeurs de province qui étaient... ce qu'étaient sous le premier empire de pauvres professeurs de province. Mais sur Edgar Quinet veillait la plus tendre et la plus passionnée des sollicitudes — sa mère. On a remarqué fort justement que l'influence maternelle avait été considérable sur la plupart des grands hommes. En effet, au point de vue de l'intelligence et du cœur, on est beaucoup plus souvent le fils de sa mère que le fils de son père.

Malgré les difficultés, les virevoltes et les soubresauts de son éducation d'enfance, Edgar Quinet, grâce à ses belles facultés natives, fit assez de progrès dans les lettres et dans les sciences pour être admis à l'Ecole polytechnique. Il renonça néanmoins à la carrière que lui ouvrait cette admission pour n'avoir pas à servir dans l'armée le gouvernement rétabli en 1815 par la coalition triomphante des Cosaques, des Prussiens et des Anglais. A la suite de cette détermination, Edgar Quinet se mit à étudier le droit et surtout la littérature, qui l'attirait de plus en plus. Afin de se tenir au courant de la philosophie allemande et anglaise, il apprit ces deux langues, puis alla faire un voyage en Allemagne. Là, il vit de près les personnages célèbres de cette nation, se lia avec eux et entra vite dans leur intimité. Il connut surtout l'illustre Creutzer, l'auteur de la *Symbolique*, une des œuvres les plus puissantes du génie allemand. Un jour, Creutzer dit à son jeune ami : « Il m'arrive une chose « extraordinaire! — Quoi, donc, mon cher maître? — Eh « bien, je ne puis comprendre la philosophie allemande « que si elle m'est expliquée par un Français. »

Edgar Quinet, qui connaissait à fond l'Allemagne, ajoutait, après avoir raconté cette anecdote : « Tous les livres allemands modernes qui ont une chance d'avenir ont reçu à un degré quelconque le souffle du génie français. Au contraire, tous ceux qui sont restés purement allemands sans aucun reflet de la France sont des œuvres teutonnes, excentriques, éphémères, qui n'entreront jamais dans le domaine de l'esprit humain. »

Après s'être préparé par des études fortes et variées à l'enseignement littéraire et philosophique, l'éminent écrivain, qui s'était fait connaître par de savantes publications de philosophie, de voyages et d'histoire, ambitionna une chaire. Il fut nommé professeur de littérature étrangère à la faculté des lettres de Lyon. Il y montra qu'il était merveilleusement doué pour l'enseignement supérieur. M. de Salvandy était alors grand maître de l'Université, ministre de l'instruction publique. En traversant Lyon, il eut le bon goût d'aller incognito assister au cours d'Edgar Quinet. Le soir, même avant de reprendre la route de Paris, il écrivit à Quinet ces deux lignes : « Mon cher professeur, on ferait volontiers le voyage de Paris à Lyon pour avoir le plaisir d'entendre une de vos leçons. »

De tels succès, très justifiés d'ailleurs, désignaient Edgar Quinet à une chaire du Collège de France. Cette institution était alors dans tout son éclat; on y combattait pour la science.

Edgar Quinet y fit, de concert avec « *son illustre compagnon et ami* » Michelet, une vigoureuse campagne contre les jésuites, campagne dans laquelle ils eurent Villemain pour auxiliaire. La jeunesse des écoles accourait en foule à ces éloquentes leçons, elle les soulignait de ses applaudissements enthousiastes et faisait aux deux professeurs aimés de triomphantes ovations. Naturellement le clergé catholique se plaignit, jeta les hauts cris, et M. Guizot, président du conseil des ministres, eut la faiblesse de prendre parti, quoique protestant, pour le clergé catholique. Le fils de Calvin prêtait main forte aux fils de Loyola ! La chose, il faut le dire, ne fut pas poussée avec rudesse. Comme toujours en pareilles circonstances, on s'y prit en douceur et avec des ménagements. En premier lieu, le ministère essaya d'obtenir la démission volontaire d'Edgar Quinet. M. Nisard, qui ne s'était pas cependant encore illustré par sa théorie des *deux morales*, fut le négociateur choisi et chargé de cette difficile et triste mission. Edgar Quinet répondit très simplement et très dignement : « Je suis dans ma chaire comme un soldat « à son poste et sous le drapeau. On peut me frapper ; « mais je ne capitulerai pas. » La violence alors se produisit. Ce que le gouvernement n'avait pu obtenir par ruse, il fit la sottise de le demander à la force armée. Malgré la protestation *unanime* (disons-le à leur honneur) des collègues de Quinet et de Michelet au Collège de France, malgré les sympathies ardentes de la jeunesse parisienne, ou à cause de cela peut-être, le cours d'Edgar Quinet fut suspendu. Un bataillon de ligne soutenu par de fortes escouades d'agents de police, stationna pendant trois jours avec ses fusils chargés devant l'entrée du Collège de France. La troupe avait l'air morne et mal résignée à cette mauvaise besogne. Seuls, les sergents de ville apportaient de l'entrain à l'opération et criaient arrogamment aux étudiants et aux curieux : « *Circulez, Messieurs!* » Heureusement nous étions à la veille de la Révolution de février, et c'étaient MM. les ministres qui allaient « *circuler.* »

III

La nouvelle République de 1848 rendit à Quinet et à

Michelet la liberté de la parole. Edgar Quinet serait certainement remonté dans sa chaire de professeur, si ses compatriotes de l'Ain ne l'avaient nommé député à une majorité considérable. Il accepta le mandat de représentant du peuple et, de 1848 à 1851, se fit remarquer par sa perspicacité politique et la fermeté de ses convictions.

Chose bizarre, le professeur éloquent ne fut pas dans nos assemblées délibérantes le grand orateur qu'on espérait. Le tumulte des réunions nombreuses, les interruptions déconcertaient ou paralysaient sans doute la verve d'Edgar Quinet.

Il se retrouva tout entier intrépide et calme devant le danger, le 2 décembre 1851. Avec Victor Hugo, Madier de Montjau, Schœlcher, Charamaule, Baudin, il essaya d'organiser la résistance. D'un autre côté, trois normaliens, trois jeunes professeurs de l'Université, Jacques, Despois et Deschanel, parcouraient les faubourgs en appelant le peuple aux armes. Malheureusement les uns furent tués ou blessés, les autres arrêtés et jetés en prison.

Après le coup d'Etat, Edgar Quinet, vaincu et proscrit, se réfugia en Belgique. Il fut un de ceux qui honorèrent et glorifièrent par leur attitude et par leurs travaux la proscription française.

C'est sur la terre d'exil qu'Edgar Quinet a écrit ses plus beaux livres ; c'est de l'exil que sont datés (1865) les deux volumes consacrés à la Révolution française. Œuvre magistrale, d'une originalité féconde et qui suscita, comme tous les travaux de grande valeur, de véhémentes controverses. Dans cet ouvrage, Quinet prenait résolument parti contre les Jacobins et les doctrines de salut public. Il prouvait que si la Révolution, en aboutissant à l'empire, avait fait la plus désastreuse des faillites, c'est parce qu'elle avait méconnu les idées de liberté. Un publiciste de grand talent, M. Peyrat, aujourd'hui sénateur, entreprit de réfuter la thèse de Quinet. Elle résista néanmoins à cette puissante critique.

IV

Lorsque, en 1859, Napoléon III se crut assez fort pour

décréter l'amnistie en faveur de ceux qui avaient combattu le coup d'État, plusieurs proscrits repoussèrent avec dédain et indignation le soi-disant pardon que leur offrait l'empire victorieux.

On connaît la sublime réponse de Victor Hugo :

J'accepte l'âpre exil, n'eût-il ni fin ni terme,
Sans chercher à savoir et sans considérer
Si plus d'un a plié qu'on aurait cru plus ferme,
Et si plusieurs s'en vont qui devraient demeurer ;
S'il n'en est plus que mille, eh bien j'en suis ; si même
Il n'en est plus que cent, je brave encore Sylla ;
S'il n'en est plus que dix, je serai le dixième,
Et s'il n'en reste qu'un, je serai celui-là,

Il en resta plus d'un, et Edgar Quinet fut parmi ceux qui restèrent.

« Ce n'est pas au crime, écrivait-il à un de nos amis, « d'amnistier le devoir ! » Belle et noble parole bien digne de la grande âme d'Edgar Quinet.

L'illustre philosophe républicain ne revint en France qu'après la chute de l'empire et les désastres de l'invasion. Il s'enferma dans Paris assiégé et tint à honneur, lui qui était un vieillard, de participer à toutes les souffrances du siège. Plus tard il parlait avec une éloquence pénétrante des semaines douloureuses passées à Paris. « Les cinq mois du siège, disait-il, resteront dans la mé« moire des hommes comme les plus beaux de notre his« toire. Que ne doit-on pas attendre d'un peuple qui a offert « au monde civilisé un pareil exemple ? La nation qui l'a « donné est immortelle entre toutes. Elle ne périra pas. « Heureux les jours où nous mangions notre pain noir « mêlé de paille ; où les obus pleuvaient sur nos toits ! »

Un de ces obus s'était abattu sur la maison qu'habitait Edgar Quinet et avait ravagé son cabinet de travail.

Appelé par les Parisiens à faire partie de l'Assemblée nationale, ce patriote vota contre les préliminaires de la paix. Celui qu'on appelait « *le doux philosophe* » n'envisageait qu'avec horreur la cession de l'Alsace et de la Lorraine. « C'est la traite des blancs qu'on rétablit, disait-

« il avec indignation, et tout vaut mieux qu'un tel mal-
« heur. Pourquoi n'irions-nous pas combattre dans les
« montagnes de l'Auvergne, du Cantal et des Cévennes
« et, s'il le fallait, nous y ensevelir ? » On croirait entendre le fier langage d'un des compagnons de Vercingétorix, proposant de brûler une ville gauloise plutôt que de la livrer à César.

Est-il nécessaire d'ajouter que le patriote Quinet fut l'adversaire implacable du gouvernement de l'ordre moral. Il le combattit jusqu'à sa mort ; et lorsque la dernière heure arriva pour lui, le *doux philosophe* recommanda, comme l'a fait Broca récemment, à tous ses amis et à tous les républicains, de ne jamais faiblir dans la lutte entreprise en faveur du droit et de la liberté.

Quelques heures avant sa mort, sa noble et vaillante compagne lui dit : Nous ne nous quitterons pas ! Nous serons réunis dans l'Éternité....

— ET DANS LA VÉRITÉ !

répondit Edgar Quinet avec solennité en lui pressant tendrement les mains.

Cette fin pleine de confiance et de sérénité était digne de ce noble esprit, de ce grand cœur.

ANATOLE DE LA FORGE.

TABLE

	Pages
PRÉFACE de 1880	I
PRÉFACE de 1871	III

LE SIÉGE DE PARIS ET LA DÉFENSE NATIONALE

I. Aux Français	1
II. L'union	6
III. L'armée de secours	13
IV. Aux provinces	19
V. Appel au Gouvernement	25
VI. L'Alsace et la Lorraine	35
VII. L'Alsace et la Lorraine	42
VIII. Appel à la Presse	49
IX. Appel à la Presse	58
X. Aux conservateurs	65
XI. Pendant la bataille	77
XII. La dépêche de M. de Moltke	81
XIII. La nouvelle forêt de l'Argonne	85
XIV. La victoire morale	92
XV. En avant !	100
XVI. L'armée de Bourbaki	109

ŒUVRES POLITIQUES APRÈS L'EXIL

MANIFESTES ET DISCOURS. — BORDEAUX-VERSAILLES

I. Discours sur le traité de paix, Assemblée nationale (Mars 1871)	119
II. Paris pendant le siége, discours dans les bureaux (Mars 1871)	125
III. Au conseil municipal de Mâcon (Avril 1871)	127

		Pages
IV.	Projet de cahiers républicains. Discours *Union républicaine* (Avril 1871).	130
V.	Discours sur la représentation des villes, Assemblée nationale (Mai 1871)	134
VI.	Une des causes de l'insurrection de Paris (Juin 1871).	145
VII.	Aux électeurs (Juin 1871).	148
VIII.	Aux électeurs (Juin 1871).	153
IX.	Les délits de presse (Juillet 1871).	155
X.	La loi départementale (Juillet 1871)	158
XI.	L'esprit de coterie. Discours *Union républicaine* (Août 1871).	165
XII.	Proposition de dissolution de l'Assemblée (Août 1871)	168
XIII.	Exposé des motifs	173
XIV.	Adresse collective à la France. *Union républicaine* (Décembre 1871)	175
XV.	Aux électeurs (Décembre 1871)	178
XVI.	Aux électeurs (Janvier 1872).	184
XVII.	Anniversaire de la proclamation de la République (Septembre 1872).	193
XVIII.	Pèlerinages d'outre-tombe (Octobre 1872).	200
XIX.	Du renouvellement partiel (Novembre 1872).	202
XX.	La dissolution (Décembre 1872).	206
XXI.	Notre devoir envers l'Alsace-Lorraine (Décembre 1872).	214
XXII.	A Garibaldi (Janvier 1873).	216
XXIII.	A Garibaldi (Février 1873).	219
XXIV.	La République en Espagne (Février 1873).	221
XXV.	Liberté de la presse (Février 1873)	228
XXVI.	A mes électeurs (Avril 1873).	231
XXVII.	A mes électeurs (Mai 1873)	237
XXVIII.	Chute et relèvement. Discours *Union républicaine* (Mai 1873).	240
XXIX.	Poursuites contre M. Ranc. Discours dans les bureaux (Juin 1873).	243
XXX.	Délits d'offenses contre l'Assemblée, Discours dans les bureaux (Juillet 1873).	246
XXXI.	A mes électeurs (Août 1873).	249
XXXII.	Aux républicains de l'Ain (Septembre 1873).	258
XXXIII.	Élection Rémusat (Octobre 1873)	261
XXXIV.	Élection Rémusat (Octobre 1873).	263

		Pages
XXXV.	Réponse au conseil général de la Seine (Octobre 1873).	266
XXXVI.	Leurs garanties (Octobre 1873).	270
XXXVII.	Projet de restauration. Discours *Union républicaine* (Octobre 1873).	272
XXXVIII.	Présidence princière. Discours *Union républicaine* (Octobre 1873).	274
XXXIX.	La République existe. Discours *Union républicaine* (Novembre 1873).	276
XL.	La République sans républicains. Discours *Union républicaine* (Novembre 1873).	277
XLI.	Les piéges. Discours *Union républicaine* (Novembre 1873)	279
XLII.	Prorogation des pouvoirs du maréchal Mac-Mahon Discours dans les bureaux (Novembre 1873)	282
XLIII.	Des pouvoirs publics (Novembre 1873).	285
XLIV.	Projet de loi sur les maires. Discours dans les bureaux (Décembre 1873)	293
XLV.	Proposition Casimir Périer. Discours *Union républicaine* (Juillet 1874).	296
XLVI.	Proposition Casimir Périer. Discours *Union républicaine* (Juillet 1874)	299
XLVII.	Déclaration collective (Juillet 1874).	303
XLVIII.	A la ligue de la Paix et de la Liberté (Septembre 1874).	308
XLIX.	Aux électeurs de la Seine (Septembre 1874).	310
L.	Aux républicains (Février 1875).	312
LI.	Le Sénat (Février 1875)	316
LII.	Le vote du 29 janvier 1875 (Février 1875).	321

APPENDICE

I. Défense nationale (1870).	327
II. Préface d'Edgar Quinet de *Paris Journal du Siége* (1873).	340
III. Préface d'Edgar Quinet des *Sentiers de France* (1875)	343
Notes compte rendu.	347

EDGAR QUINET

La démocratie républicaine, tenant à honneur d'élever un monument aux lettres françaises et de populariser l'œuvre du penseur, du citoyen qui a si fidèlement servi la patrie et la liberté, forme un Comité pour la publication des *Œuvres complètes* d'Edgar Quinet. Cette édition comprendra tous ses ouvrages (1825 à 1875), épuisés ou disséminés par vingt ans d'exil, et ses manuscrits inédits. Elle réunira à la fois les cours du professeur de Lyon et du Collège de France, l'œuvre entière de l'historien, du poète, de l'exilé et de l'intrépide adversaire de l'esprit clérical.

Philosophie. — Cours de Lyon. — Collège de France. Génie des Religions. Origine des dieux. Les Jésuites. L'Ultramontanisme. Introduction à la philosophie de l'histoire. Essai sur Herder. Examen de la vie de Jésus. Le Christianisme et la Révolution française. Philosophie de l'histoire de France. La Création. L'Esprit Nouveau. Vie et mort du génie grec.

Histoire : Les Révolutions d'Italie. Marnix. Fondation de la République des Provinces-Unies. Les Roumains.
La Révolution. Histoire de la campagne de 1815.

Voyages. — Critique littéraire : La Grèce moderne. Allemagne et Italie. Mes vacances en Espagne. Histoire de la Poésie. Épopées françaises. Mélanges.

Politique et Religion : Enseignement du peuple. La Révolution religieuse au XIXe siècle. Situation morale et politique. La Croisade romaine. La Sainte-Alliance en Portugal. Pologne et Rome. État de siège. Le Panthéon. Le siège de Paris et la Défense Nationale. La République. Le Livre de l'Exilé. Œuvres diverses.

Poëmes : Prométhée. Napoléon. Les Esclaves. Ahasvérus. Merlin l'Enchanteur.

Autobiographie : Histoire de mes Idées. Correspondance.

Ont signé :

PARIS : Ed. ADAM, ALLAIN-TARGÉ, BAMBERGER, BARODET, Louis BLANC, BRELAY, Henri BRISSON, CARNOT, CAZOT, CORBON, CRÉMIEUX, CANTAGREL, G. CASSE, CLÉMENCEAU, DENFERT-ROCHEREAU, DESCHANEL, FLOQUET, GAMBETTA, GREPPO, HÉROLD, Laurent PICHAT, LE ROYER, MARMOTTAN, Pascal DUPRAT, PEYRAT, B. RASPAIL, SCHEURER-KESTNER, SCHŒLCHER, C. SÉE, SPULLER, TALANDIER, TIRARD, Victor HUGO (députés et sénateurs); ASSELINE, BIXIO, BONNARD, BONNET-DUVERDIER, Dr BOURNEVILLE, BRALERET, BRISSON, CADET, CASTAGNARY, CLAMAGERAN, Dr CLAVEL, COLLIN, Fr. COMBES, L. COMBES, DEBERLE, DELATTRE, DELIGNY, DENIZOT, Dr DUBOIS, DUJARRIER, DUMAS, ENGELHARD, FERRÉ, FOREST, GERMER-BAILLIÈRE, Yves GUYOT, HARANT, DE HÉRÉDIA, HÉRISSON, JACQUES, JOBBÉ-DUVAL, Sigismond LACROIX, LAFONT, LAUTH, Ernest LEFÈVRE, LENEVEUX, LÉVEILLÉ, Dr LEVEL, Dr LEVRAUD, D^r Ch. LOISEAU, MALLET, MANET, MARAIS, MARSOULAN, Dr G. MARTIN, MATHÉ, MAUBLANC, Dr METIVIER, MORIN, MURAT, OUTIN, PÉRINELLE, RÉTY, E. RIGAUT, SONGEON, THOREL, Dr THULIÉ, VAUTIER, VIOLLET-LEDUC (membres du Conseil municipal de Paris),

Dʳ Béclard, Hunebelle, Jacquet, Moreaux, Villeneuve (membres du Conseil général de la Seine). — **AIN** : Chaley, Gros-Gurin, Mercier, Robin, Tiersot, Tondu. — **AISNE** : Malézieux, Henri Martin, Ed. Turquet, Villain. — **ALLIER** : Cornil, Chantemille, Defoulenay, Laussedat. — **BASSES-ALPES** : Allemand. — **ARDÈCHE** : Challamet, Gleizal. — **AUBE** : Masson de Morfontaine. — **AUDE** : Bonnel, Marcou, Rougé. — **BOUCHES-DU-RHONE** : Bouchet, Bouquet, Labadie, Lockroy, Pelletan, F. Raspail, Tardieu. — **CHARENTE** : Duclaud — **CHER** : Devoucoux, Giraud, Rollet. — **CORRÈZE** : Général de Chanal, Latrade, Le Cherbonnier. — **CORSE** : Bartoli. — **COTE-D'OR** : Sadi Carnot, Dubois, Hugot, Joigneaux, Lévêque, Magnin, Mazeau, (députés et sénateurs), Amiel, Barberot, Beleime, Bouchard, Dᵉ Brulet, Coquengniot, Court, Cousturier, Dʳ Cunisset, Enfert, (maire de Dijon) : Garnier, président de la commission départementale ; Gleize, Leroy (secrétaire du Conseil général) ; Louet, Meugniot, Muteau, (secrétaire du Conseil général). Perdrix (vice-président du Conseil général) ; Piot, Robelin, (conseillers généraux). — **CREUSE** : Moreau, Nadaud. — **DORDOGNE** : Garrigat, Montagut. — **DOUBS** : Albert Grévy, Oudet, Viette. — **DROME** : Chevandier, Loubel, Madier-Montjau. — **EURE-ET-LOIR** : Dreux, Gatineau, Labiche; Maunoury, Noël Parfait, Truelle. — **FINISTÈRE** : Hémon, de Pompéry, Swiney. — **GARD** : Bousquet, Ducamp, Laget, Marcellin Pellet. — **HAUTE-GARONNE** : Constans, Duportal. — **GIRONDE** : Dupouy, Fourcand, Lalanne, Roudier, Simiot. — **HÉRAULT** : Devès, Lisbonne, Vernhes. — **ILLE-ET-VILAINE** : Le Pomellec. — **INDRE** : Leconte. — **ISÈRE** : Bravet, Brillier, Buyat, F. Raymond. Riondel. — **JURA** : Gagneur, Lelièvre, Tamisier, Thurel. — **LANDES** : Loustalot. — **LOIR-ET-CHER** : Dufay, Lesguillon, Tassin. — **LOIRE** : Bertholon, Chavassieu, Crozet-Fourneyron. — **HAUTE-LOIRE** : Maigne. — **LOIRE-INFÉRIEURE** : Laisant (député) ; Lauriol, Leroux, Normand, Roch, Vezin (conseillers généraux). — **LOT-ET-GARONNE** : Fallières de Lafitte — **MAINE-ET-LOIRE** : Benoist, Maillé. — **MARNE** : Leblond. — **HAUTE-MARNE** : Maitret. — **MEURTHE-ET-MOSELLE** : Berlet, Cosson, Duvaux. — **MEUSE** : Liouville. — **MORBIHAN** : Ratier. — **NIÈVRE** : Girerd, Turigny. — **NORD** : Louis Legrand, Masure, Screpel, Testelin, Trystram. — **PUY-DE-DOME** : Bardoux, Salneuve, Tallon. — **PYRÉNÉES-ORIENTALES** : Em. Arago, Escanyé, Escarguel, Massot. — **RHONE** : Andrieux, Durand, Jules Favre, Guyot, Millaud, Ordinaire, Valentin, Varambon (députés et sénateurs) ; — Dʳ Alexis Chavannes (président du Conseil municipal de Lyon), Falconnet (président du Conseil général du Rhône), Carle, Gomat, Million, Vallier (conseillers généraux). — **HAUTE-SAONE** : Noirot, Versigny. — **SAONE-ET-LOIRE** : Boysset, général Guillemaut, de Lacretelle, Logerotte, Margue, Ch. Rolland, Sarrien (députés et sénateurs); Baudu, Bessard, Boullay, Bouiloud, Carion, Dulac, H Druard, Ph. Druard, Gilliot, L. Goujon, L. Mathey, J. Martin Rambaud, E. Reyneau, Roberjot, Flochon, Sorlin, A. Thomas, Truchot (conseillers généraux). — **SEINE-INFÉRIEURE** : Desseaux, Le Cesne. — **SEINE-ET-MARNE** : Menier, Plessier. Sallard. — **SEINE-ET-OISE** : Albert Joly, Journault, Langlois. — **DEUX-SÈVRES** : Antonin Proust. — **SOMME** : Barni, Douville-Maillefeu, Mollien. — **TARN** : Bernard Lavergne. — **VAR** : Allègre, Cotte, Daumas, Dréo, Ferrouillat. — **VAUCLUSE** : Gent, Naquet, Poujade. — **VENDEE** : Beaussire. — **HAUTE-VIENNE** : Godet, Georges Périn. — **VOSGES** : Jules Ferry, Georges, Jeanmaire, Méline, Ponlevoy. — **YONNE** : Paul Bert, Dethou, Guichard, Lepère, Ribière. — **ALGERIE** : Gastu, Jacques, Alexis Lambert, Lelièvre. — **COLONIES** : Godissart, Lacascade, Laserve, de Mahy (sénateurs et députés).

LA VILLE DE BOURG.

P. Bataillard, Alfred Dumesnil, Auguste Marie, Paul Meurice, Eugène Noel, Auguste Préault (membres du Comité de 1856, pour la publication des Œuvres complètes, édition Pagnerre).

Paris, 4 août 1876.

Soc. d'imp. Paul Dupont. Paris, 41, rue J.-J. Rousseau (Cl.) 710.11.80.

SOUSCRIPTION NATIONALE DE 1876

A L'ÉDITION DES ŒUVRES COMPLÈTES

D'EDGAR QUINET

Les admirateurs du grand penseur et du grand écrivain que la France a perdu l'année dernière, ceux qui regrettent dans Edgar Quinet le patriote inébranlable comme l'éloquent et profond philosophe, jugeront tous, comme nous, que le pays qu'il a tant honoré doit un monument à sa mémoire, et que le monument le plus digne de lui serait la publication intégrale de ses œuvres.

Nous proposons donc à ceux de nos concitoyens qui partagent les sentiments que nous avons voués à ce mort illustre, l'ouverture d'une souscription pour aider à préparer et à commencer cette œuvre vraiment nationale.

Cette souscription serait fixée à 20 francs.

Il nous a paru qu'il conviendrait d'inaugurer la série des œuvres d'Edgar Quinet par la publication de sa correspondance inédite, qui ne saurait manquer d'offrir de précieux documents à l'histoire contemporaine. Les personnes qui enverront une souscription de 20 francs auront droit à recevoir *deux volumes de Lettres inédites*, et *quatre volumes des Œuvres complètes*.

EDMOND ABOUT, Publiciste; BARDOUX, Député; BATAILLARD, Publiciste; LOUIS BLANC, Député; H. BRISSON, Député; CARNOT, Sénateur; CASTAGNARY, Conseiller municipal; A. CRÉMIEUX, Sénateur; A. DUMESNIL, Publiciste; J. FERRY, Député; GERMER BAILLIÈRE, Conseiller municipal; HARANT, Conseiller municipal; A. MARIE; H. MARTIN, Sénateur; LAURENT-PICHAT, Sénateur; E. LEFÈVRE, Conseiller municipal; P. MEURICE, Publiciste; E. MILLAUD, Député; E. NOEL, Publiciste, E. PELLETAN, Sénateur; A. PREAULT; D'ROBIN, Sénateur; SPULLER, Député; TIERSOT, Député; VACQUERIE, Publiciste; E. VALENTIN, Sénateur; VICTOR HUGO, Sénateur; VIOLLET-LE-DUC, Conseiller municipal

ŒUVRES COMPLÈTES D'EDGAR QUINET

Trente volumes in-18 :

CHAQUE VOLUME SÉPARÉMENT : 3 fr. 50

Philosophie. — Génie des Religions. Origines des dieux. Les Jésuites. L'Ultramontanisme. Introduction à la philosophie de l'histoire. Essai sur Herder. — Examen de la Vie de Jésus. Le Christianisme et la Révolution française. Philosophie de l'histoire de France. La Création. L'Esprit Nouveau. Vie et mort du Génie grec.

Histoire : Les Révolutions d'Italie. Marnix. Fondation de la République des Provinces-Unies. Les Roumains.

La Révolution. Histoire de la campagne de 1815.

Voyages. — **Critique littéraire.** La Grèce moderne. Allemagne et Italie. Mes vacances en Espagne. Histoire de la Poésie. Épopées françaises. Mélanges.

Politique et Religion : Enseignement du peuple. La Révolution religieuse au XIXᵉ siècle. Situation morale et politique. La Croisade romaine. La Sainte-Alliance en Portugal. Pologne et Rome. État de siège. Le Panthéon. Le Siège de Paris et la Défense nationale. La République. Le Livre de l'Exilé. Œuvres diverses.

Poèmes : Prométhée. Napoléon. Les Esclaves. Ahasvérus. Merlin l'Enchanteur.

Autobiographie : Histoire de mes idées. Correspondance.

Paris. — Imp. PAUL DUPONT (Cl.) 436 bis.7.95.

www.ingramcontent.com/pod-product-compliance
Lightning Source LLC
Chambersburg PA
CBHW060057190426
43202CB00030B/1858